Edmund Camillo Rudolphi

Die Buchdruckerfamilie Froschauer in Zürich,

1521-1595

Edmund Camillo Rudolphi

Die Buchdruckerfamilie Froschauer in Zürich,
1521-1595

ISBN/EAN: 9783743485334

Hergestellt in Europa, USA, Kanada, Australien, Japan

Cover: Foto ©ninafisch / pixelio.de

Weitere Bücher finden Sie auf **www.hansebooks.com**

Die Buchdrucker-Familie

Froschauer in Zürich

1521　　　　1595

Verzeichniss

der aus ihrer Offizin hervorgegangenen

Druckwerke.

Zusammengestellt und geordnet

von

E. Camillo Rudolphi.

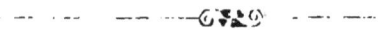

Zürich
Druck und Verlag von Orell, Füssli & Co.
1869.

HERRN

F. FISCH-HAGENBUCH

CHEF DER FIRMA

ORELL, FÜSSLI & Co. IN ZÜRICH

HOCHACHTUNGSVOLL

GEWIDMET

VOM *VERFASSER.*

Unter den Buchdruckern des sechszehnten Jahrhunderts zeichnet sich ganz besonders Christoph Froschauer, von Neuburg in Baiern gebürtig, aus, der im Jahre 1519 das Bürgerrecht in Zürich erlangte und daselbst eine Buchdruckerei errichtete. Man glaubt, dass der Buchdrucker Johannes Froschauer in Augsburg sein Vater gewesen sei und das Geburtsjahr unsers Christoph in den Zeitraum von 1480—90 fällt; Sicheres hierüber dürfte jedoch schwerlich zu ermitteln sein. Das erste in seiner Offizin mit Angabe der Jahrzahl gedruckte Buch: „Erasmus von Rotterdam, ein klag des Frydens" trägt die Jahrzahl 1521, ebenso wie das von ihm zuerst benützte Druckerzeichen; die Erzeugnisse seiner Presse aus den Jahren 1519 und 1520 sind bis jetzt noch nicht nachgewiesen worden.

Die Verbreitung der Bibel, die er mit schönen Lettern gedruckt in lateinischer, deutscher und englischer Sprache herausgab, ist jedenfalls sein grösstes Verdienst, das er sich um die damalige Zeit erworben. Aus seiner Presse gingen auch die meisten Schriften von Zwingli und Bullinger hervor, sowie auch die bedeutenden Arbeiten der gelehrten Leo Jud, Rudolf Gwalther, Bibliander, Pellikan, Peter Martyr u. s. w.

Um dem Geschäfte eine grössere Ausdehnung zu geben, nahm er später seinen Bruder Eustachius und dessen beiden Söhne Eustachius und Christoph in dasselbe auf. Nach seinem am 1. April 1564 erfolgten Tode übernahm sein Neffe Christoph Froschauer, der jüngere, die Druckerei, welche er bis zum Jahre 1585 weiterführte. Nach dessen Hinschiede (am 2. Februar 1585) setzten die Erben, da er keine Kinder hinterliess, das ausgedehnte Geschäft mit der Drucker-Angabe: „Ex officina Froschoveri" oder „Gedruckt in der Froschow" bis zum Jahre 1590 fort, in welchem es an den Buchdrucker Johannes Wolf von Zürich überging, der jedoch seiner Firma noch einige Jahre hindurch bei einzelnen Werken „typis Froschovianis" beifügte. Die Druckerei kam im Jahre 1626 in den Besitz der Familie Bodmer, im Jahre 1723 an Heidegger und Rahn und wurde 1765 mit der Orell'schen Druckerei, jetzt Orell, Füssli und Komp. im Elsasser vereinigt.

Wir beschränken uns auf diese kurzen Notizen und verweisen betreffs der ausführlichen Biographie Christoph Froschauer's des Aeltern auf die geschätzte Arbeit des Kirchenrath S. Vögelin: Chr. Froschauer nach seinem Leben und Wirken, Zürich 1840, sowie auf das Neujahrsblatt der Chorherren für 1813 und dasjenige der Stadtbibliothek für 1841.

Obgleich wir uns bemühet haben, sämmtliche Druckwerke der Froschauerschen Offizin in nachfolgendem chronologisch geordneten Verzeichnisse aufzuführen, so dürften uns doch einige derselben entgangen sein und richten wir daher die ergebene Bitte an die Herren Bibliographen, uns die fehlenden gütigst mitzutheilen.

Eine grosse Anzahl der von uns angegebenen Schriften haben wir im Schweizerischen Antiquariate in Zürich persönlich eingesehen und genauer beschrieben und die übrigen nach dem Kataloge der Zürcher Stadtbibliothek (1864, 4 Bde.) aufgeführt. Der seltene Froschauersche Original-Katalog mit der

Ueberschrift: Catalogus librorum quos Christophorus Froschouerus Tiguri suis typis excudit, 1 Blatt in Folio, welcher sich im Besitze der Firma Orell, Füssli und Komp. in Zürich befindet, so wie derjenige vom Jahre 1562, welchen wir, gleich wie die seltenen Kalender, durch die Güte des Herrn Dr. Horner in Zürich zur Durchsicht erhielten, haben uns ebenfalls treffliche Dienste geleistet. Ebenso haben wir in Panzer's Annalen, Weller's Repertorium und dessen Annalen der poetischen National-Literatur viele treffliche Nachweisungen erhalten. Die Bibeln und einzelnen Theile derselben, welche sich entweder in der Stadt-Bibliothek zu Zürich befinden, oder nach Josias Lorck's Bibelgeschichte I. Theil (Kopenhagen 1779) in dessen Besitze waren, oder endlich in J. C. Nüscheler's Nachricht von den seit der Reformation in Zürich gedruckten Bibeln (in der Vorrede zu der von J. C. Ulrich in Zürich 1755 herausgegebenen Bibel) angegeben sind, haben wir in diesem Verzeichnisse vollständig aufgeführt und die selteneren ausführlich beschrieben.

Möge sich diese bescheidene bibliographische Arbeit einer günstigen Aufnahme erfreuen.

Ohne Jahrzahl.

1. Testamentum Novum, per D. Erasmum recognitum. in-12.
2. Adamus Michaël: Josippus Gorionis de bello Judaico, literis hebræo-germanicis. in-4.
3. Adamus Michaël: Liber precum, charactere Hebræo - Germanico. in-4.
4. Aesopi Phrygis et aliorum fabulæ, cum Hecatomythio Abstemij, et selectis Poggij facetiis. in-8.
5. Aphthonii progymnasmata. in-8.
6. Apologiæ quædam pro Homero et arte poetica, e græco in latinum translata per Conr. Gesner. in-8.
7. Aristotelis politicorum liber I, gr. et lat., cum commentario Mich. Toxitæ. in-8.
8. Artzney für das Steinwee. in-8.
9. Blum, Hans, Ein kunstrych Buoch von allerley antiquiteten, so zuom verstand der Fünff Seulen der Architectur gehörend. in-fol.
   Mit Holzschnitten.
10. Bullinger, Henricus. Christianam fidem mox a primis mundi exordiis ad hæc usque tempora durasse, eamque ueram et indubitatam esse, H. Bull. Apodixis. in-8.
11. Ciceronis Epistolarum familiarum libri III a Jo. Sturmio puerili educationi confecti. in-8.
12. Collinus, Rodolphus jun., In imaginem ebrietatis carmen. (Christ. Froschover jun.) in-4.
13. De Tropis et figuris ad utilitatem scholæ Tigurinæ confectis. in-8.

Ohne Jahrzahl.

14. Donatus, Aelius. Methodus, scholiis Henr. Glareani illustrata, ne eiusdem octo tractatibus aucta. in-8.
15. Erasmi Roterod. civilitas morum, in succinctas quæstiones digesta ac per R. Hadamarium locupletata. in-12.
    24 Blätter.
16. Erasmus Roterod. Familiaria quædam colloquia ex D. Erasmi colloquiis selecta ad utilitatem puerorum latine discentium. in-8.
17. Erasmus von Rotterdam, Postilla der heyligen vier Evangelisten vnd der Aposteln alle Episteln. Theil 1. Aus dem Latin. in-fol.
    Katalog der Stadt-Bibliothek in Zürich. II. p. 78.
18. Evonymus. (Conr. Gesnerus.) De remediis secretis liber, nunc primum in lucem editus. in-8.
19. Frisius, Joh. Jacobus, Annotationes in Vergilii Bucolica et Georgica, addita explicatione difficiliorum vocum Germanica. in-8.
20. Gebätt für Jung lütt, in Schulen vnd im huss. in-16.
21. Ein gmein gsangbüchle von vil vor vnd yetz nüw gedichten, Psalmen, Hymnen vnd geistlichen liederen. in-16.
    Seite 1—159: Psalmen luvida; S. 160—191: hienach volgend die geistlichen gsang vnd christlichen Lieder deren etliche in der kirchen vor oder nach den predigen, etliche aber allein esserthalb statt der ungöttischen üppigen vnd schandlichen wältliederen gesungen würdend. Nach S. 494: 3 Bll. Register und 2 Bll. Verzeichniss der Liederdichter.
22. Gualther, Rodolphus, Monomachia Davidis et Goliæ, et allegorica eiusdem expositio, heroico carmine descripta, una cum alliis quibusdam, quorum catalogum sequens pagella exhibet omnia. in-8.
    63 Blätter.
23. Heyden, Seb., nomenclatura rerum: formulæ colloquiorum, omnia multo jam locupletiora. in-8.
24. Judæ, Leonis, Catechismus, latine. in-8.
25. Jud, Leo, der vrstende Jesu Christi mit vorgestelter begrebtnuss ouch volgender himmelfart vnd sendung dess heiligen geistes Euangelische historia. in-8.
    109 Blätter und 5 Bll. Register.
26. Libellus ualde doctus, elegans et utilis, multa et uaria scribendarum literarum genera complectens. in-4.
27. Maximus, abbas, De perfecta caritate et aliis virtutibus christianis centuriæ IV. in-8.

Ohne Jahrzahl 3

28. Meyer, Sebastianus, In Apocalypsim Johannis commentarius. in-fol.
29. Allerley Tütsche Namenbüchle für die angenden schüler. in-8.
30. Niger, Franc. Bassan., In Dominicam precationem meditatiuncula etc. in-8.
31. Oecolampadius, Joannes. Duo sermones apologetici de dignitate Eucharistiæ. in-8.
32. Ordnnung der Christenlichenn Kilchenn zu Zürich. in-8.
33. Poemata Vergilii, Tibulli, Ovidii, pro tertia classe scholæ Tigurinæ. in-8.
34. Pollii, Jos., pœmata aliquot pia. in-8.
35. Der Psalter in gebättswyss. in-16.
36. Psalterium universum carmine elegiaco redditum atque explicatum ac nuper in Schola Marpurgensis æditum per Hel. Eobanum Hessum. in-8.
37. Ein regiment für die Pestilentz. in-8.
38. Selecta ex Aeliano in usum scholæ quartæ Turicensis. in-8.
39. Summa oder kurtzer innhalt aller Biblischer geschrifft, ouch rechter gesunder leer, vnd des Christlichen gloubens, yetz von nüwenn an vertütschet, wie die merteils in den Biblinen zu Latin, ouch denen die zu Parys getruckt vnd vssgangen sind, fürgestellt ist. Zürych. Eustachin Froschouer. in-8.
    12 ungez. Blätter.
40. Susenbroti epitome troporum ac schematum. Libellus valde doctus elegans et utilis multa et varia scribendarum literarum genera complectens. in-4.
41. Tabula abecedaria, pro pueris. in-8.
42. (Thomas von Kempen) Nachuolgung Christi. in-16.
    Findet sich in Froschauer's Verlagsbericht in-fol.
43. Typus cosmographicus uniuersalis, in tabula chartæ unius. in-fol.
44. Virgilii Bucolica, seorsim impressa. in-8.
45. Vivis, J. L., Erasmi Rot., Conr. Celtis et Chr. Hegendorphini, de conscribendis epistolis. in-8.
46. (Zwickius, Joannes.) Rhapsodiæ seu preces diurnæ in gratiam puerorum et scholarum congestæ. in-8.
47. Zwingli, Huldr. Eyn kurtze klare summ vnd erklärung des Christenen gloubens, von Huldr. Zuinglin geprediget, vnd vnlang vor synem tod zu oynem Christenen Künig geschriben. in-12.
    72 gez. Blätter. — An Franz I., König von Frankreich gerichtet. Herausgegeben von Leo Jud.

1521.

48. Erasmus, Desiderius, ein klug des Frydens der in allen Nationen vnd landen verworffen, vertriben vnd erlegt, durch meister Leo Jud lütpriester des gotshuss Einsydlen vertütscht. 1521. in-4.
21 get. Blätter. Titeleinfassung.
Das erste von Froschauer in Zürich gedruckte Buch.

49. Erasmus von Rotterdam. Ein nutzliche vnderwisung eines Christenlichen fürsten wol zu regieren, gemacht durch den hochgelerten vnd vrumpten Erasmum von Roterdam, dem aller durchlüchtigsten fürsten vnd herrn Carolo erweltem Römischem Künig. Nutzlich vnnd fruchtbar allen Künigen, fürsten, grafen, herren, edlen, vnd vnedlen, allen regenten, fürwesern, amptlüten vnd allen denen so etwas zu verwalten haben. *Auf dem 75. Blatte:* In tütsch zum ersten Gedruckt in der loblichen stat Zürich durch Chr. Fr., jm jar als man zalt nach der geburt vnsers lyeben herren 1521 Jar. in-4.
75 gez. Blätter. 1 Bl. leer. Titeleinfass. mit Karls V. Portrait. Auf Bogen V und X anhangsweiss: Das büechlin Isocratis von vnderwysung eines fürsten, zu dem künig Nicocle, durch Desyderium Erasmum, vss Kriechischer zungen, in latin getogen. — Vbersetzer ist Leo Jud; seine Epistel ist an Onugolff zu hohen Gyroltzeck den jüngern gerichtet.

50. Erasmus v. Rott. Paraphrases zu tütsch. Die Episteln sancti Pauli I zu den Ephesiern. I zu den Philippensern. I zun Collossensern. II zu den Thessalonicensern. II zum Timotheo. I zum Titto. I zum Philemon. In Latyn durch doctor Erasmum von Roterdam kurtzlich beschriben vnd klarlich vssgelegt, durch meister Leonem Jud Pfarherren zu Eynsidlen, gentzlich dem latin nach vertütscht. 1521. in-4.

51. Erasmus von Rotterdam. Epistel sancti Pauli zu Philemon durch Erasmum Roterodamum kurtzlich vnd klarlich vssgelegt. Vertütscht durch meister Leo Jud lütpriester zu den Einsidlen. 1521. in-4.

52. Ein kurtz gedicht so nüwlich ein thurgowischer Pur, Docter Martin Lutrer vnnd siner leer, zu lob vnd synen widerwerttigen, zu Spott gemacht hat. *(Holzschnitt.)* Esa. 35. Jetz sicht der blind Ze erkennen, | Vnd die vor kind, vnd sich trennen | Sind hoch gelert, Vonn jnn. zu gott | Der glichsner gfert Ders erlösst hatt. — *Ohne Ort und Jahr. (Zür. Frosch. 1521.)* in-4.
4 Blätter. — Auf dem letzten sonst leeren Bl. ein Holzschnitt.

1521.

53. Das buechlin Isocratis von vnderwysung eines fürsten, zu dem künig Nicocle, durch Desyderium Erasmum vss Kriechischer zungen in latin gezogen. 1521. in-4.
Bildet den Schluss von Erasmus, Vnderweisung e. Christenl. Fürsten, übers. von Leo Jud.

54. Luther, Martin, Ein nutzliche fruchtbare vnderwysung was da sy der gloub vn ein war christenlich leben. 1521. in-4.
14 Blätter. Titeleinfassung. — Uebersetzt durch Leo Jud.

55. Luther, M., Ein sermon von der wirdigen empfahung des heyligen waren lychnams Christi, gethon am grünen Dornstag zu Wittenberg, in gegenwürtikeit des durchlüchtigisten hoch gebornen fürsten vnd Margraff zu Brandenburg dem jüngern. D. M. Luther. MDXXI. getruckt zu Zürich *(bei Froschauer)* 1521. in-4.
8 Blätter. Mit Titeleinfassung.

56. Luther. Euangelium Von den zehen aussetzigen verdeudscht vnd aussgelegt. Doctor Martinus Luther. Wittenberg. *Ohne Ort und Jahr.* (Zür., Froschauer, 1521.) in-4.
38 Blätter, das letzte leer. Titeleinfassung.

57. Luther, M., Ain predig von der betrachtung des hoyligen lyden Christi. D. Martinus Luther. *Ohne Jahreszahl.* (1521.) in-4.
6 Blätter. Mit Titeleinfassung.

1522.

58. (Eberlin.) Das lob der Pfarrer. Uon dem vnützen kosten der gelegt wirt von dem gemeinen vnuerstendigen volck, vff mäss lesen, volgungen begrebtniss, sybent, dryssigst, jartag etc. Vnd von dem lob der Pfarrer vnd irer nötigen Caplön. Tu wol, zit nahet. F. W. *Am Schlusse:* Ich hoff vnd harr. *Ohne Ort u. Jahr.* (Zür. Frosch. 1522.) in-4.
8 Blätter. Titelholzschnitt.

59. Erasmus von Rotterdam. Ein expostulation oder klag Jhesu zu dem menschen der vss eygnem mutwill verdampt würt. In latin durch Erasm. v. Roterdam beschriben, durch meister Leo Jud vertütscht. 1522. in-4.
8 Bll., Titeleinfass, u. Titelholzschn.

60. Erasmus von Rotterdam, Paraphrasos zu tütsch. Die Epistleu sancti Pauli: In latin durch Doctor Erasmum von Roterdam kurtzlich beschryben vnd klarlich vssgelegt, durch meister Leonem Jud Pfarherren zu Eynsidlen, gentzlich dem latin nach vertütscht. Zu den Römern eine, zu den Corinthiern zwo, zu den Galatern eine. 1522. in-4.
Titeleinfassungen.

61. Ernstliche ermauung des Fridens vnd Christenlicher einigkeit des durchlüchtigen Fürsten vnnd genädigen herren, Hugonis von Landenberg Bischoff tzu Costanz mitt Schöner vsslegung vnnd erklärung, vast trostlich vnnd nützlich zu lässen, nüwlich vssgangen. *Am Ende:* Getruckt zu Hohensteyn, durch Hans Fürwitzig. (*Zür. Frosch.*, 1522.) in-4.
Herausgegeben von Seb. Meyer. — 30 Blätter, der Anhang hat 7 Seiten, Titeleinfassung.

62. Wider den falsch genanten geystlichen stand des Babsts vnd der Bischoffen. D. Mart. Luther Ecclesiasten zu Wittenberg. *Am Ende:* Getruckt zu Zürich im XXII. jar. (*Froschauer.*) 1522. in-4.
35 Blätter. Mit Titeleinfassung.

63. Von beyder gestalt des Sacraments zu nemen, vnd ander nüwerung. D. Martini Luthers meinung. Vuittemberg. *Am Schlusse:* Getruckt im jar nach der geburt Jesu Christi vnsers herren am ersten tag des Brachmonats do man zalt MDXXII. Ohne Ort. (*Zür., Frosch.*, 1522.) in-4.
20 Blätter. Titeleinfass. Am Schlusse ein kleiner Holzschnitt.

64. Schmid, Conrad. Antwurt bruder Conradt Schmids sant Johansen ordens Commenthür zu Küssnach am Zürich See, vff etlich wyderred dero so die predig durch jn gethon in der loblichen statt Lucern geschmächt vnd kätzerisch gescholten habend, antreffend dz Christus ein einig, ewig houpt syner kilchen, gwalt-haber vnnd für bitter syge. *Am Schlusse:* End dis büchlins, getruckt jm jar nach der geburt Christi do man zalt. MDXXII. Ohne Ort. (*Zür., Frosch.*, 1522.) in-4.
12 Blätter. Titelholzschnitt, darunter ein Bibelspruch. Am Schlusse ebenfalls ein Holzschn.

65. Zwingli, Huldr., Von erkiesen vnd freyheit der spysen. Von ergernuss vnd verböserung. Ob man gwalt hab die spysen zu etlichen zyten verbieten, meynung, zu Zürich gepredigot im MDXXII. jar. Gedruckt zu Zürich. *Ohne Angabe des Druckers u. der Jahreszahl.* (*Froschauer* 1522.) in-4.
26 Blätter. — Nach S. Näscheler, Lebensgesch. Zwingli's pag. 39 war dieses die erste gedruckte Schrift Zwingli's.

66. Zwingli, Huldr., Ein fründtlich bitt vnd ermanung etlicher priesteren der Eidgnoschafft, das man das heylig Euangelium predigen nit abschlahe, noch Vnwillen darab empfache, ob die predgenden ergernus zu vermiden sich eelich vermächlind. *Am Ende:* Geben am 8. tag Höumonats 1522. in-4.
   20 Blätter, das letzte leer.

67. Zwingli, Huldreich. Von clarheit vnnd gewüsse oder vnbetrogliche des worts gottes, von Huldrychen Zuingli gethon vnd beschriben zu Zürich jm 1522. jar. in-4.
   28 Blätter, mit Titeleinfassung.

68. Zwingli, Huldreich. Ein predig von der Ewigreinen magt Maria der muter Jesu Christi vnsers Erlösers, Zürich gethon vonn Huldrychen Zwingli im MDXXII. Jar. *Ohne Angabe des Druckers. (Froschauer.)* 1522. in-4.
   20 Blätter mit Titeleinfassung, darin Christus am Krenz.

1523.

69. Acta oder geschicht wie es vff dem gesprech den 26. 27. vnd 28. tagen Wynmonadts, in der Christenlichen Statt Zürich vor eim Ersamen gasssnen grossen vnd kleinen Radt, ouch in bysinmer dann 500 priesteren vnd vil anderer biderber lüten, ergangen ist, Anbetreffend die götzen vnd die Mess, Anno 1523. in-4.
   Titel und 70 ungez. Blätter. — Herausgegeben von Ludwig Hätzer. Haller III. 182.

70. Ain Christliche mainung von den wercken der menschen wie man die vor got nutzlich vnd verdienstlich machen sol. Allen Christglaubigen menschen nutzlich zu wissen. *O. O. u. J. (Zür., Froschauer* 1523.) in-4.
   4 Blätter. — Diese von Joh. Raidbach von Feldkirch dem Fr. v. Armstett gewidmete Schrift wurde von Zwingli u. Leo Jud corrigiert. Weller Repert. Nr. 2643.

71. Ayn klag über dise welt,
   Vnd das bosshafftig gelt.
   Ich kann nit vil news erdencken,
   Ich muss der katzen tschellen anhencken,
   Die narren hend ayn sölichen mund
   Sy sagen aym den rechten grund,
   Das thut man ab den narren klagen
   Was sy wüssen das thund sy sagen.
   Ohne Ort u. Jahr. (Zürich, Chr. Froschauer um 1523.) in-4.
   4 Blätter mit Titelholzschn. — Gedicht gegen Papst und Pfaffen.

72. **Ein badenfart guter gsellen.** *O. O. u. J.* (Zürich, Chr. Froschauer 1523—26.) in-8.
   20 Blätter. Titelholzschnitt, auf d. 11. Bl. u. am Schlusse wiederholt. Im Text 25 Schweizer-Wappen. Reimgespräche in Baden, etc. Weller, Repertorium, Nr. 3134.

73. **Paraphrases zu Teutsch.** Paraphrases (das ist ein kurtze nach by dem text blybende vsslegung) aller Epistlen Pauli, Petri, Joannis, Jude, Jacobi, erstlichen durch Erasmum vonn Rotterdam in latin beschryben, darnach durch Leonem Jud zu nutz vnd gutem aller Christgläubigen menschen vertütscht vnd hie zum ersten alle zusamenbracht, got sy lob. 1523. in-kl. fol.
   Titel, III und 239 ges. Bll. Auf dem letzten leeren Blatt ist Froschauer's Buchdruckerzeichen. Titeleinfassung.

74. **Ein kurtze vnd gemeine form für die schwachgloubigen, kinder zu touffen.** Ouch andere ermanungen zu got, so da gmeinlich geschehen in d'Christenlichen versamlung. Getruckt zu Zürich. (*Ohne Jahr.*) (Zür., *Froschauer* 1523.) in-4.
   8 Blätter. Mit Titeleinfassung. — Mit Vorrede von Leo Jud.

75. **Ein kurze vnd gemeine Form für die schwach gleubigen, kinder zu Thouffen.** Ouch andere ermanungen zu got, so da gemeinlich geschehen in der Christenlichen versamlung. *O. J.* (1523.) in-8.
   8 Blätter. Mit Vorrede von Leo Jud.

76. **Das gyren rupffen.** halt inn wie Johans Schmidt Vicarge ze Costentz, mit dem büchle darinn er verheisst ein waren bericht wie es vff den 29. tag Jenners MDXXIII ze Zürich gangen sye, sich überschen hat. Ist voll schimpfs vnnd ernstes. (1523.) in-4.
   44 ungez. Blätter. Titeleinfassung. — Verfasser ist nach Weller Report. Nr. 2490 Conrad Luchsinger, nach dem Catalog der Stadtbibliothek in Zürich aber Johann Hach.

77. **Handlung der versamlung in der löblichen statt Zürich vff den XXIX. tag Jenners,** vonn wegen des heyligen Euangelij zwischen der ersamen treffenlichen bottschafft von Costentz: Huldrichen Zwinglij predigers des Euangelij Christi vnd gemeiner priesterschafft des gantzen gebiets der egenanten statt Zürich vor gesessnem radt beschehen im 1523. Jar. *Am Ende:* Gedruckt zu Zürich. (*Froschauer.*) 1523. in-4.
   40 ungez. Blätter. Titeleinfass. mit dem Wappen der Stadt Zürich. Herausgeber: Erhard Hegenwald.

78. **Hätzer, Ludwig. Ain vrteil gottes vnsers eegemahles,** wie man sich mit allen götzen vnd bildnussen halten sol, vss der heiligen gschrifft gezogen durch Ludwig Hätzer. Getruckt zu

1523.

Zürich durch Christophorum Froschouer. O Got erlös die gfangnen. *Am Ende:* Getruckt zu Zürich durch Christophorum Froschouer, am XXIIII. tag des ersten herbstmonats. (1523.) in-4.
10 Blätter. Mit Titeleinfassung. Zwei verschiedene Ausgaben.

79. Zwingli, Huldr., de canone missæ epichiresis. 1523. in-4.
80. Zwingli, Huldr., de canone missæ libelli apologia, ad Theobaldum Geroldseggium Eremi Suitensium administratorem. Tiguri 9. die Octobris 1523. in-4.
8 Blätter.

81. Zwingli, Huldr., Ein kurtze vnd Christenliche inleitung, die ein ersamer Rat der statt Zürich den Seelsorgern vnd Predicanten in jren Stetten, landen vnd gebieten wonhafft zugesant haben, damit sy die Euangelische warheit einheillig fürhin verkündent vnd jren vnderthanen prediget, Vssgangen vff den XVII. tag Nouembris 1523. in-4.
22 Blätter mit Titeleinfassung. Am Schlusse Froschauer's Druckerzeichen.

82. Zwingli, Huldr., Von götlicher vnd menschlicher gerechtigheit, wie die zemen schind vnd standind, Ein predge an S. Joanns Touffers tag gethon jm 1523. in-4.
32 Blätter. Titeleinfassung.

83. (Zwingli.) Entschulgung etlicher Huldrychen Zuingli zugelegter articklen, doch vnwarlich. An die Edlen, strengen frommen wysen, gmeiner Eydgnoschafft Radtsbotton in der statt Bern, vff den VI. tag Höwmonats versamlote. Sine gnädige herren. Im MDXXIII. Jar. (*Zür., Frosch.*, 1523.) in-4.
4 Blätter. Titelholzschnitt.

84. Zwingli. Dis nach bestimten artikel vnd meinungen bekenn ich Huldrich Zwingly mich in der loblichen statt Zürich gepredigot haben, vss grund der geschrifft die Theopneustos (das ist von gott in gesprochen) heysst, vnd embüt mich mit dero genante artickel zu beschirmen vnnd erobren. Vnnd wo ich yetz berurte geschrifft nitt rechte verstund, mich bessers verstands, doch vss egedachter geschrifft, berichten lassen. *Am Ende:* Getruckt zu Zürich. (1523.) in-4.
4 unget. Blätter, mit Sign. L 1—4.

85. Zwingli. Vsslegen vnd gründ der schlussreden oder Articklen durch Huldrychen Zuingli Zürich vff den XIX. tag Jenners jm MDXXIII. jar Vssgangen. (1523.) in-4.
234 unget. Blätter. Auf dem letzten Bl. Proschauer's Druckerzeichen, mit der Jahreszahl 1521. — Zwei verschiedene in diesem Jahr gedruckte Ausgaben.

1524.

86. Biblia sacra vtriusque Testamenti, ex hebræo translata in sermonem latinam. 1524. in-4.

87. Bibel deutsch. 1524—29. in-fol.

Das Alt Testament dütsch, der vrsprünglichen Ebreischen waarheyt nach, vff das allertrüwlichest verdütschet. 1525. — Das ander teyl des Alten Testaments. Das Register über die Bücher dieses teyls. I. Josua — — — VIII. Esras vnd Nehemias. 1525. — Das dritt teyl des Alten Testaments. Das Register über die bücher dises teyls. 1. Hiob — — — — 5. hohe lied Salomonis. 1525. — Das vierte teyl des Alten Testaments. Alle Propheten. 1529. — Diss sind die bücher, die by den alten vnder Biblische geschrifft nit gezelt sind, ouch by den Ebreern nit gefunden. Nüwlich widerumb durch Leo Jud vertütschet. 1529. — Das ganz Nüw Testament recht grüntlich vertütscht. Mit gar gelerten vnd richtigen vorreden, vnd der schwäresten örteren kurtz aber gut vsslegungen. Ein gnugsam Register wo man die Epistlen vnd Euangelien dess gantzen jars jn disem Testamente finden sol. 1524.

88. Das gantz Nüw Testament recht gruntlich vertütscht. Mit gar gelerten vnd richtigen Vorreden, vnd der schwäresten örteren kurtz aber gut vsslegungen. 1524. in-8.

89. Antwurten so ein Burgermeister, Radt vnd der gros Radt, die man nempt die Zweyhundert der Statt Zürich, jren getrüwen lieben Eydgnossen der XI Orten, über etlich artickel, jnen, jnhalt einer jnstruction fürgehalten, geben habend. Vnd beschehen ist vff den XXI. tag des Monats Mertzen, Anno 1524. in-4.

<small>14 unges. Bll., das letzte leer. — Ist von „Caspar Fry Stattschryber zu Zürich" unterschrieben.</small>

90. Fridberger (Hubmœr, Pacimontanus) Bathasar. Axiomata, quæ Baldazar Pacimontanus musca Joanni Eckio, Ingolstadiensi elephanto, magistraliter examinanda proposuit. 1524. in-4.

91. **Fridberger** (Hubmaier.) Schlussreden die Baldazar Fridberger, Pfarrer zu Waldzhut, ein bruder Huldrych Zwingli's, dem Joanni Eckio zu Ingoldstatt, die meysterlich zu examinieren fürbotten hat. In dem span des gloubens, wo zwen strytig sind, wer doch solle sin der recht Richter. Die warheyt ist vndödtlich. *O. O. u. J. (Zürich, Froschauer.)* 1524. in-4.
4 Blätter.

92. **Myconius**, Oswald, Ad sacerdotes Helvetiae, qui Tigurinis male loquuntur, suasoria, ut male loqui desinant. 1524. in-4.

93. **Oecolampadius**. In die erst epistel S. Joannis des Euangelisten ettliche Christenlich predig von Joanne Ecolampadio in Latein zum ersten vssgangen, Vnd newlich durch Doctor Caspar Hedion predicanten zu Strassburg verteütscht. Item ein schone Christliche Missiue an die von Mentz, des obgenanten Doctor Caspars Hedionis. 1524. *Ohne Ort. (Zür., Frosch. 1524.)* in-8.
190½ Bogen, das letzte Bl. leer.

94. Wie Joannes wanner, predicant zu dem hochen stifft, der Christelichen Statt Costentz, von dem Bischoff geurlobt, vnd aber durch ain Ecrsamen Rat daselbst vff fürgebracht werbung der Burgerschafft, in Sanct Steffans Kirchen ze predigen verordnet ist. Ain kurtz, aber gantz Christelicher beuelch, aines Ersamen Rats, was all predicanten zu Costentz fürohin leerenen vnnd predigen söllind. *Ohne Ort. (Zür., Froschauer.)* 1524. in-4.
6 Blätter.

95. **Zwingli**, Huldr., Ad Fridolinum Lindoverum, Bremgartensium concionatorem, super publica de gratia per Christum hallucinatione expostulatio. 1524. in-4.

96. **Zwingli**, H., Adversus Hieronymum Emserum canonis missae adsertorem Huldrychius Zwinglius Antibolon. 1524. in-4.
22 Bll. M. Titelholzschnitt.

97. **Zwingli**. Christenlich Antwurt Burgermeisters vnd Radtes zu Zürich, dem Hochwirdigen Herren Hugen, Byschoffe zu Costantz, über die vnderricht beyder articklen der Bilder vnd Mesz inen zugeschickt. Also in götlicher warheit gründt, das mencklich ersehen mag was dauon vnder Christenem volck billich sölle gehalten werden. 1524. in-4.
38 Blätter.

98. Zwingli. Ain Epistel Huldrich Zwinglis, kurtz vn Christenlich, an den Ersamen landsradt vn gantzen gemeind sines vatterlands der Graffschafft Doggenburg geschriben. Im Höwmonat. MDXXIIII. Getruckt zu Zürich durch Christ. Froschouer. *Am Ende:* Mentags nach Margarete 1524. in-4.
4 Blätter.

99. Zwingli, Ulrich, der Hirt. Wie man die waren Christlichen hirten, vnd widrumm die valschen erkennen, ouch wie man sich mit jnen halten sölle, durch Huldrychen Zuingli beschriben jm M.CCCCC. vnd XXIIII. jar. (1524.) in-4.
36 ungez. Blätter. Titel-Einfassung.

100. Zwingli. Der hirt. Wie man die waren Christlichen hirten, vn widrumm die valschen erkennen, ouch wie man sich mit jnen halten sölle, durch Huldrychen Zuinglj beschriben jm M.CCCCC. vnd XXIIII. jar. (1524.) in-4.
88 Blätter, das letzte leer. Titel-Einfassung.

101. Zwingli. Von götlicher vnd menschlicher grechtigkeit, wie die zemen schind vn standind, Ein predge Huldrych Zuinglis an. S. Joanns Teuffers tag gethon im 1523. jetzt wiederum getruckt im MDXXIIII. jar. (1524.) in-4.
32 Blätter mit Titelholzschnitt u. Einfassung.

102. Zwingli. Ain flyssige vnd kurtze vnterrichtung wie man sich vor lügen (dero diso zyt nit on geuerd voll louffend) hüten vnd bewaren sol. Durch Huldrichen Zwingli. 25. tags Juuii. MDXXIIII. Getruckt zu Zürich durch Christ. Froschouer. (1524.) in-4.
4 Blätter.

103. Zwingli. Ein Heyssige vnd kurtze vnderrichtung wie man sich vor lügen (dero dise zyt nit on geuerd voll louffend) hüten vnn bewaren sol. Durch Huldrichen Zwingli. 25. tags Junij. MDXXIIII. Getruckt zu Zürich durch Chr. Fr. *Am Ende:* Inimici. hominis domestici cius. (1524.) in-4.
6 Blätter.

104. Zwingli. Uon Clarheit vnnd gewüsse oder vnbetrögliche des worts gottes, Ein predge von Huldrychen Zwingli gethon vnd beschriben zu Zürich jm MDXXII. jar. Getruckt zu Zürich, im MDXXIIII. jar. (1524.) in-4.
28 Blätter. Titeleinfassung.

1525.

105. Action oder Bruch des Nachtmals, Gedechtnus oder Dancksagung Christi, wie sy vff Osteren zu Zürich angehebt wirt, im Jar als man zalt MDXXV. *Am Ende:* Gedruckt zu Zürich durch Chr. Fr. vff den VI tag April jm jar MDXXV. (1525.) in-4.
7 Blätter.

106. Ain Nutzliche Ermanung zu handthabung Christenlicher warhait, allen Oberkaiten vnd Regimenten in disen beschwerlichen zyten, besserlich vnd dienstlich zu lesen. Als Ding von got. *Ohne Ort und Jahr.* (Zür., Frosch., circa 1525.) in-4.
8 Bll., letztes leer. Titeleinfassung.

107. Birckmeier, Jörg. Eyn zeyger büchlin der heyligen geschrifft.
Diss büchlin wirt der zeiger genant, | Die heilig gschrifft macht es bekant | Welcher die Bibel hat jm huss, dem gibts guten verstand daruss. | Vnd ist gut dem gemeynen man | der mag grossen lust darinnen han, | Als in eym plügenden garten, | Der frücht sol man am end warten. | Gmacht durch Jörg Birckmeier, ley, | des lon im himmelrych ewig sy. *Am Ende:* Getruckt zu Zürich durch Chr. Fr. An MDXXV. in-8.
24 Bll., letztes leer. Titeleinfassung.

108. Erklerung wie Carlstat sein lere von dem hochwirdigen Sacrament vnd andern achtet vnnd geacht haben wil. Vermanung zum fryden von an zeygter materi. *O. O. u. J.* (Zür., Frosch., 1525.) in-8.
24 Blätter.

109. Fridberger. (Hubmaier, Hubmör.) Ettlich beschlussreden von Doctor Paltus Fridberger zu Waltzhut allen christen von vnd' richt d'mess. MDXXV. Jar. *O. O.* (Zür. Frosch., 1525.) in-8.
4 Blätter.

110. Ryss, Cunrad. Antwurt dem hochgelerten Doctor Joannem Pugenhag van Pomern, Hirt zu wittenberg, vff die Missiue, so er an den Doctor Hesso Leerer zu Presslaw geschickt, das Sacrament betreffende. Durch Cunrad Ryssen zu Ofen gemachet. *Ohne Ort und Jahreszahl.* (Zürich, Froschauer, 1525.) in-4.
10 Blätter.

111. (Wand-Catechismus.) Diss sind die Zehen gebott: wie sy Gott von Wort zu Wort Moysi vff dem berg Synai anggeben, vnd mit sinem finger jn zwo steinine taflen geschriben hat. *Am Ende:* Getruckt zu Zürich durch Christophorum froschover jm MDXXV. jar. folio.
1 Blatt mit Holzschnitt (Moses mit den Gesetz-Tafeln.)

112. Eyn wegsprech gen Regenspurg zu, ynss Concilium, zwischen eynem Byschoff, Hurenwirt, vnd Kuntzen seinem knecht. Kuntz. Huren wirt. Byschoff. (Diese Drei in Holzschnitt.) Constitue super eum peccatorem, & diabolus stet à dextris eius. Fiant dies eius pauci, & episcopatum eius accipiat alter. Psalmo. 108. MDXXV. *Am Ende:* Gedruckt zu Arnaw an der Elb jn Böhem durch Hans Hoss von Brawn. Anno MDXXV. in-4.
Bei Froschauer gedruckt. 20 Bll., das letzte leer.

113. Zwingli, Huldr., Ad Matthæum Alberum Rutlingensium Ecclesiasten, de cœna dominica epistola. 1525. in-8.

114. Zwingli, H., subsidium sive Coronis de Eucharistia. 1525. in-4.
28 Bll. Mit Titelholzschnitt.

115. Zwingli, H., de vera et falsa religione commentarius. 1525. in-8.
8 Bll. Vorrede, 446 Seiten u. 2 Bll. Errata.

116. Zuinglius, Huldricus, Ad Joannis Bugenhagii Pomerani epistolam responsio. (1525.) in-4.

117. Zwingli. Elementa puerilia Philippi Melanchthonis, quibus adiecta est ratio formandæ iuuentutis ad mores Christianos, et ueram pietate Huldricho Zuinglio autore. *s. l. n. a.* (circa 1525.) in-12.
26 unget. Blätter.

118. Zwingli, Huldr., Vber Doctor Balthazars Touffbüchlin, waarhaffte, gründte antwurt. 1525. in-4.
24 Blätter. Titeleinfassung. Haller III. 245.

119. Zwinglj. Ein gegenwurff vnd widerweer Hulderych Zwinglins, wider Hieronymus Emser des Canons in der Mäss beschirmer. 1525. in-4.
34 Blätter.

120. Zwingli, Huldr., Von dem Predig-Ampt. Darinn man sicht wie die selbsgesandten vfrürer, nit Apostel als sy wöllend gesehen syn, wider Gottes wort thund, das sy cim yeden getrüwen wächter vnnd predger des Euangelij vnder sinem volck predginen vfschlahend, ohne durfft vnd erloubnuss der ganzen gmeind vnd wächters. Zürich, Frosch., im jar 1525 am letsten tag des Brachmonats. in-4.
_{30 Blätter. Mit Titeleinfassung.}

121. Zwingli, Huldreich, welche vrsach gebind ze ufruren, welches die waren vfrurer sygind, vnd wie man zu christlicher einigheit vnd fryden kommen möge. 1525. in-4.
_{18 unges. Blätter. Titelholzschnitt.}

122. Zwingli, Huldr., Von dem Nachtmal Christi, widergedechtnuss oder Dancksagung, Huldr. Zuinglis meinung yetz jm latinischen Commentario beschriben, vnd durch dry getrüw bryder ylends in tütsch gebracht. Ob Gott wil zu gutem ouch tütscher Nation. Zür., Frosch., vff den XXIII. tag Mertzens jm jar 1525. in-4.
_{34 Blätter. Titeleinfassung. Auf dem letzten Bl. das Druckerzeichen.}

123. — — dasselbe. Zürich, Froschouer, vff den XVIII. tag jm jar (1525.) in-4.
_{44 Blätter. Titelholzschnitt und Druckerzeichen.}

1526.

124. Antwurt der Prediger des Euangeliums Christi zu Costentz vff Melchior Vattlin Wychbischoffs da selbst, vngegründts büchlin, so er von dem Sacrament des Herren Nachtmal, wie es im anfang der Kirchen gebrucht syge worden, kurtzlich hat vssgon lassen. Anno M.D.XXVI. O. O. (Zür., Froschauer.) 1526. in-8.
_{40 Blätter. Vgl. Weller, Repertorium. 3743.}

125. Ceporinus, Jacobus, Compendium grammaticæ græcæ, editio III. Hesiodi Georgicon, a Ceporino scholiastis adornatum. Epigrammata quædam. 1526. in-8.

126. Eckstein, Vtz, Dialogus. Ein hüpsche Disputation, — Die Christus hat mit Adam thon, — Darinn ein mensch erlernen mag — Nach welchen wercken Gott frag. Ohne Ort u. Jahr. (1526.) in-8.
_{40 unges. Blätter, das letzte leer. In Reimen.}

127. Eckstein, Vtz. Klag des Gloubens der Hoffnung vnd ouch Liebe, über Geystlichen vnd Weltlichen Stand der Christenheit. (1526.) in-kl.-8.

96 unget. Blätter. Titeleinfassung. — In Reimen

128. Eckstein. Ein hüpsch lied Doctor Johansen Ecken vnnd Fabers, badenfart betreffende, vff das M.D.XXVI. jar. In der wyss Es fart ein frischer Summer dört här etc. *Am Schlusse:* Vtz Eckstein. *O. O. u. J.* (Zürich, Froschauer, 1526.) in-8.

8 Bll., die 2 letzten leer.

129. (Eckstein, Utz.) Ein hüpsch lied von der Disputation zu Baden, Im Ergöw, Im 1526. Jar, gehalten. In der wyss, wie der strügel von Costantz. *O. O. u. J.* (Zür., Froschauer 1526.) in-8.

8 Bll., das letzte leer. Mit Titelholzschnitt. Von Ct: Eckstein.

130. Ein gesprech, vonn einer muter mit jr tochter, sy in ein klost d' zu bringen, ouch demnach etlich münch vnd Pfaffen argument, namlich herr hiltprand Stulgang d' Pfarrer von Biltstocken, herr Doctor Vriel Trackenschmer, Brud' Saulus Schwynflügel, Brud' Sebold Fläschensuger herr Damian Lyrennagel, ouch ein pürin Gredi Dorfnäper von Grobenwyl imm Filtztal, Vnd wz die tocher vss dem Euangelio zu antwurt gibt. *Am Schlusse:* Geben jm M.D.XXVI. jar. *O. O.* (Zürich, Froschauer.) 1526. in-8.

10 Bll., die 2 letzten leer. Titelholzschnitt. Weller, Repertorium. 3922.

131. Entschuldigung der Dienern des Euangeliums Christi zu Costentz, vff die luge, so jnen nachgehaltner Disputation zu Baden, zugelegt ist. Beschehen durch Ambrosium Blaurer, vff den XVII. tag Brachmonats, in S. Steffans kirchen, darinn ouch anzaigt würt ob man on gesetzte richter von christenlichen sachen disputieren möge. Anno M.D.XXVI. in-8.

16 Blätter.

132. Faber, Joh., Ein Sandbrieff an Vlrich Zuinglin Maister zu Zürich, von wegen der künfftigen Disputation, so durch gmeyn Aydtgnossen der XII Orten auff den XII. tag May nächst künfftig gen Baden in Ergöw fürgenommen vnd aussgeschriben ist. Daruf ein Antwurt Huldrichs Zuinglins. *(O. O.)* 1526. in-8.

10 unget. Blätter.

133. Handlung yetz den XIIII tag Marcij disz XXVI. Jars, so zu Osterlytz inn Merhern durch, erforderte versamlung, vieler pfarrer vnd priesterschafften, ouch etlicher des Adels vnn anderer in Christlicher lieb vnd einigkeit beschehen. Vnnd in siben Artickel beschlossen mit sampt der selbenn Artickel Erklärung. Non quot dnemur vobis nomine fidei sed adiutores sumus gaudij vestri. Nam fide statis. 1. Cor. I. *Ohne Ort u. Jahr.* (Zür., Froschauer 1526.) in-8.
8 Blätter. Herausgegeben v. Balth. Hubmör (Fridberger).

134. Hofmeyster, Sebastian (von Schaffhausen), Acta vnd handlung des Gesprächs, so von allen Priesteren der Tryen Pündten im MDXXVI. jar, uff Mentag vnd Zynstag nach der heyligen III Künigentag zu Jnlantz im Grawen Pündt, vss Ansehung der Pundtsherren geschehen. *O. O. u. J.* (Zür. Froschauer, 1526.) in-4.
16 Blätter.

135. Vf entdeckung Doctor Erasmi von Roterdam, der dückischen arglisten, eynes tütschen büchlins, antwurt vnd entschuldigung Leonis Jud. *Am Schlusse:* Anno. M.D.XXVI. *Ohne Ort.* (Zür., Froschauer.) 1526. in-8.
30 Bll, das letzte leer.

136. Des hochgelerten Erasmi von Roterdam, vnd Doctor Luthers maynung vom Nachtmal vnsers herren Jesu Christi, neuwlich auszgangen auff den XVIII. tag Aprellens. *O. O. u. J.* (Zür., Froschauer, 1526.) in-8. (und in-4.)
16 ungez. Blätter. — Unterzeichnet: Ludouicus Leopoldi, Pfarrer zu Lebernw, Dein lieber Bruder. Gewidmet dem Caspar Nagolt Burger zu Nördlingen. Verf. ist Leo Jud, wie er in seiner „Entschuldigung" selbst bekennt.

137. Kalender auf d. J. 1527 ohne Titel. *Anfang:* So man zellt nach der geburt Christi MD. vn XXVII. Jar ist F. Sontag buchstab dz Jar vs. Ich D. Joannes Copp, wünsch dem Läser frid...... *Am Ende:* Getruckt zu Zürich im Wyngarten by Christoffel Froschouer. (1526.)
Grossfolioblatt mit Holzschnitt u. einer antipäpstlichen Erklärung.

138. (Manuel.) Ein hüpsch lied in schilers hoff thon, Meyster gsang, jnnhaltende ein gespräch, des Fabers vnd Eggen Badenfart betreffende. *O. O. u. J.* (Zür., Froschauer, 1526.) in-8.
8 Bll., letztes leer. Von Niclaus Manuel. Weller, Repertorium. 3838.

139. **Barbali. Ein Gespräch.**
KUrtzwilig wie ein muter wolt
Dz jr tochter in ein kloster solt
Die muter selb hie ouch zuhört
Wie jr tochter die pfaffen lert.
Am Schlusse: Da solt Du sy aber wol vsfägen
grad wie ein polierter schwytzer tägen.
Geben im M.D.XXVI. jar. O. O. (Zürich, Froschauer 1526.) in-8.
<small>16 Bll., die 2 letzten leer. Gespräche in Reimen von Niclaus Manuel. Weller, Repertorium. 3931.</small>

140. Oecolampadius, Joannes, Apologetica. De dignitate eucharistiæ sermones duo. Ad Theobaldum Billicanum, quinam in verbis cænæ alienum sensum inferant. Ad' ecclesiastas Suevos antisyngramma. 1526. in-8.

141. Oecolampadius, Joh., ad Billibaldum Pyrckaimerum de re Eucharetiæ responsio. 1526. in-8.

142. Oecolampadius, Joh., Vom Sakrament der Danksagung. Von dem waren naturlichen verstand der Worten Christi: Das ist mein Leib, nach der gar alten Lerern erklärung, jm Latein bschriben durch Joann. Ecolampadium, verteütscht durch Ludvigen Hätzer. O Gott erlöss die gefangnen. MDXXVI. in-8.
<small>148 Blätter, das letzte leer.</small>

143. Ordnung der Fyrtagen. *Am Schlusse:* Actum mitwuchen vor dem Ostertag jm M.D.XXVI. jar. O. O. (Zür., Froschauer, 1526.) in-fol.
<small>1 Blatt.</small>

144. (Wendeli.) Mit was gründen fürnemlich Doctor Wendeli Predicant im Closter zu S. Gallen, die leer des Euangelions von den Predicanten der Pfarr zu Sant Laurentzen daselbst gethon, anzefechten, vnd vor dem volck zu verhetzen vnderstanden hab. Daby, welcher gstalt vff sölich sin fräfel reden, von gedachten Predicanten, nit vff ainmal geantwurtet ist. Durch samenhafften radtschlag gewelter Predicanten, ouch durch hilff vnnd zuthun D. Joachimen von Watt vssgangen zu S. Gallen vff den XI. tag erst. herbst. jm MDXXVI. *Am Ende:* Getruckt zu Zürich by Chr. Fr. jm MDXXVI. jar am III. tag Wynmonat. in-8.
<small>62 Blätter, das letzte leer.</small>

145. Zuinglius, Huldricus, Ad Theobaldi Billicani et Vrbani Rhegii epistolas responsio. 1526. in-4.
146. Zwingli, Huldr., Epistola ad Petrum Gynoræum, nunc Augustæ agentem, in qua nonnulla de Eccio, Fabrio, Balthazare catabaptista comperies. Missa fuit in Augusto 1526. anno. (Tig., Froschover 1526.) in kl.-8.
8 Blätter, von denen die 2 letzten leer.
147. Zuinglius, Huldricus, Responsio brevis ad epistolam satis longam amici cujusdam haud uulgaris, in qua de Eucharistia quæstio tractatur. (1526.) in-8.
148. Zuinglius, Huldricus, De peccato originali declaratio ad Vrbanum Rhegium. (1526.) in-8.
149. Zwingli, Ulrich, Eyn Antwurt vff die Epistel Joannis Pugenhag vss Pomeren, das Nachtmal betreffende. 1526. in-4.
14 unges. Blätter. — Datirt ist diese Antwort: Vss Zürich am 23. tag des Wynmonats im 1525. jar.
150. Zwingli, Huldr. Nachhut von dem Nachtmal oder der Dancksagung Christi, durch Huldrychen Zuinglin in Latin beschriben, vnd durch Georgen Binder vertütschet. 1526. in-4.
32 Blätter, das letzte leer. Mit kleinem Titelholzschnitt, darunter der Bibelvers.
151. Zwingli. Ein klare vnderrichtung vom Nachtmal Christi, durch Huldrychen Zuinglin, Tütsch (als vormals nie) vm der Einualtigen willen, damit sy mit nycmants spitzfündigkeyt hintergangen mögind werden, beschriben. 1526. in-8.
50 unges. u. 2 leere Blätter.
152. Zwingli. Uon warem vnd valschen Glouben, Commentarius, dz ist, vnderrichtung, Huldrych Zuinglins. Verteutschet durch Leonem Jud. Inhalt diss büchlins findst du im nachfolgenden blatt. 1526. in-8.
XIV Bll. Vorst., 289 gez. Bll., 1 Bl. mit dem Druckerzeichen. Titeleinfassung. — Widmungen Zwingli's an den König von Frankreich, Leo Juds an Wilhelm von Zäll.
153. Zwingli. Wie man die jugendt in guten sitten vnd Christenlicher zucht vferziehen vnnd leeren solle, ettliche kurtze vnderwysung, durch Huldrychen Zuinglin beschriben. 1526. in-4.
14 Blätter, das letzte leer.
154. Zwingli. Vber den vngesandten Sandbrieff Joannes Fabers Doctors an Huldrych Zuinglin geschriben, vnd hinderwert vsgesproyt, vnd nit überschickt, Antwurt Huldrychen Zuinglis. Ohne Ort. (Zürich, Froschauer). 1526. in-kl.-8.
20 unges. Blätter.

155. **Zwingli.** Die ander Geschrifft an Doctor Johansen Faber, die gibt Antwurt über die widergschrifft der Epistel, die Zuingli ann die XII Ort Gmeiner Eydgnoschafft am XXI. tag Aprellens Ggeben hat, jm 1526. jar. *Am Ende:* Zürich am XV. tag Mey 1526. in-kl. 8.
  16 unger. Blätter.

156. **Zwingli.** Die dritte geschrifft wider Joansen Faber, über das erdicht büchlin, das er Nüw zytung genennet, vnd im Höwmonat hat lassen vssgon. Mit eim abtruck des Gleytes, so gen Zürich von vnser Eydgnossen siben Orten Botten vff den 12. tag Mey überschickt ist. Ouch mit Zuinglins antwurt darüber, ggeben vff den XVI. tag Mey. alles im jar 1526. *Am Ende:* Geben zu Zürich XXVIII. tags Julij 1526. in-kl. 8.
  16 unges. Blätter, das letzte leer.

1527.

157. Bibel, die gantze, der vrsprünglichen Ebräischen vnd Griechischen waarheyt nach, auffs aller treüwlichest verteütschet. 1527—29. 5 *Theile* in-16.
  Der 1. Thl. enthält die 5 Bücher Mosis. Gedruckt jm 1527. jar. — Der 2. Thl. Josua bis Esther. ohne Jahreszahl. — Der 3. Theil: Hiob bis zum hohen Lied und die apocryphischen Bücher, durch Leo Jud verteutscht; ohne Jahreszahl. — Der 4. Thl. mit Titel: Das Vierde teyl des Alten Testaments. Alle Propheten, aus Ebraischer sprach, mit guten treuwen end hohem fleiss, durch die Predicanten zu Zürich, inn Teutsch vertolmätschet. Gedr. zu Zürich in dem Barfüsser Kloster, durch Chr. Prosch., end volendet am ersten tag des Mersens, im Jar 1529. — Der 5. Thl. mit Titel: Das Neue Testament, grundlich vnd recht verteütscht. Ohne Jahreszahl.

158. **Eckstein, Utz,** Concilium. Hie in dem buch wirt disputiert — Das puren lang zyt hat verfürt — Heilgen fürbit, ouch des bapsts gwalt — vom Fägfhür, ouch was d'Mäss innhalt. *O. O. u. J.* (1527.) in-8.
  72 unges. Blätter.

159. **Eckstein, Utz,** Rychsstag der Edlen vnd Pauren bricht vnd klag zFriedberg gehandelt vff dem Rychsstag. *Ohne Ort und Jahr.* (1527.) in-8.
  6 Bogen.

160. **Oecolampadius, Johann,** Ein christliche vnd ernstlich antwurt der Prediger des Euangelii zu Basel, warumb sy die Mess einen grüwel gescholten habind. Vff erforschung vnd geheyss des Ersamen Radts daselbst gebenn. *Ohne Ort u. Jahreszahl.* (Zürich, Froschauer, 1527.) in-8.
  36 unges. Blätter.

161. Schmid, Cunrad, Ein Christliche ermanung zu warer Hoffnung in Gott, vnd warnung vor dem abtrülligen Widertouff, der da abwyset von Gott, an die Christlichen Amptlüt zu Grünigen. 1527. in-8.
22 unyez. Blätter.

162. Zwingli, H., Amica exegesis, id est, expositio Eucharistiæ negocii, ad Mart. Lutherum. 1527. in-4.
Titel und 177 Seiten.

163. Zwingli, H., In catabaptistarum strophas Elenchus. 1527. in-4.
191 Seiten.

164. Zwingli, H., In Exodum, alia farraginis annotationum particula, per Leonem Judæ et Gasp. Megandrum ex ore Zwinglii et aliorum Tiguri Deuterotarum comportata. 1527. in-8.

165. Zwingli. Farrago annotationum in Genesim, ex ore Huldr. Zuinglii per Leonem Judæ et Casparem Megandrum exceptarum. 1527. in-kl. 8.
492 Seiten und 1 Bl. mit dem Druckerzeichen.

166. Zwingli, Ulrich, Das diese wort Christi, das ist min lychnam, der für üch hinggeben wirt, ewigklich den alten eynigen sinn haben werdend vnd M. Luter mit sinem letsten buch sinen vnd des Bapsts sinn, gar nit gelehrt noch bewärt hat. 1527. in-8.

167. Zwingli, Ulrich. Früntlich verglimpfung vnd ableynung vber die predig M. Luthers wider die Schwermer, zu Wittemberg gethon vund beschriben zu schirm des wäsenlichen lychnams vn bluts Christi im Sacrament. Zu guter bewarung von Huldrych Zuingli ylends vnd kurtz begriffen. 1527. in-8.
16 unyez. Blätter.

168. Zwingli. Vber Martin Luter buch, das Sacrament betreffende, Huldrych Zuinglis antwurt. 1527. in-8
93 Blätter.

169. Zwingli, Ulrich, Antwurt über Doctor Strussen Büchlin, wider jnn geschriben, das Nachtmal Christi betreffende. 1527. in-12.
47 unyez. Blätter.

1528.

170. Handlung oder Acta gehaltner Disputation zu Bernn in uchtland. Zürich, am XXIII. tag Mertz anno 1528. in-4.
Titel, VII und 237 Blätter.

171. Handlung oder Acta gehaltener Disputation zu Bernn in üchtland. Getruckt am XXIII. tag Aprellen. Anno 1528. in-8.
Titel, VI und 272 Blätter.

172. Leonis Judæ annotationes in Pauli ad Corinthios epistolas. 1528. in-8.

173. Oecolampadius, Joa., vnd Huldr. Zuingli, Vber D. Martin Luthers Buch, Bekentnuss genant, zwo antwurten. 1528. in-8.

174. Schmid, Cunrad. Die predigen so vonn den frömbden Predicanten, die allenthalb här, zu Bernn vff dem Gespräch oder Disputation gewesen, beschehen sind. (A. Blaurers, H. Zuinglins, M. Butzers, J. Ecolampadij, C. Som, Th. Gassners, C. Schmids, C. Meganders, Huldr. Zuinglins.) Verwerffen der articklenn vnd stucken, so die Widertöuffer vff dem gespräch zu Bernn — — — — fürgewendt habend. Durch Cunrad Schmid. 1528. in-8.

175. Schwenckfeld, Caspar. Ein anwysunge das die opinion der leyplichen gegenwertigheyt Jesu Christi im Brote gericht ist, wider den ynnhalt der ganzen schrifft. Mit Vorrede Huldrychen Zuinglins. 1528. in-8.

176. Zuinglius, Huldricus. Annotatiunculæ per Leonem Judæ ex ore Zuinglij in utramque Pauli ad Corinthios Epistolam publice exponentis conceptæ. 1528. in-8.

177. Zwingli. Vber D. Martin Luters Buch, Bekenntnuss genant, zwo antwurten, Joannis Ecolampadij vnd Huldrychen Zuinglis. 1528. in-8.
VI Bll., 156 u. 2 Blätter. Titeleinfassung. V. No. 173.

1529.

178. Alle Propheten auss Ebraischer spraach durch die Predicantenn zu Zürich inn Teutsch vertolmetschet. 1529. in-8.
179. Zwingli, Huldr., complanationis Isaiæ prophetæ, fœtura prima, cum apologia cur quidque sic uersum sit. 1529. in-fol.
180. Zwingli. Wie sich D. Martin Luter vnd Huldrich Zuingli in der summa Christenlicher leer glychförmig ze sin, befunden habennd, vff dem Gespräch jüngst zu Marpurg in Hessen. MDXXIX. Dritten tags octobers. 1529. in-4.
4 Blätter.

1530.

181. Bibel, die gantze, der vrsprünglichen Ebraischenn vnd Griechischenn Waarheit nach, auffs allertreuwlichest verteutschet. 1530. in-4. (oder gr.-8.)
182. Anzeigung vnd bekantnus des Glaubens vnd der lere, so die adpellierenden Stende Kays. Majest. auff jetzigen tag zu Augspurg öberantwurt habend. 1530. in-4.
183. Bullinger, Heinr., De hebdomadis, quæ apud Danielem sunt opusculum. 1530. in-8.
184. Ein Christliche vnderwisung der Jugend im glouben, gegründt inn der heyligen geschrifft, fragens wyss. 1530. in-kl. 8.
24 unges. Blätter. Die erste Initiale mit Todtentanz.
185. Schmid, Cunrad, Diener des Worts zu Küssnach am Zürich See, Ein Christlicher bericht des Herren Nachtmals mit hällem verstannd siner worten darinn gebrucht. Damit abgeleint ein vnwarhafftig red jm zugelegt, der danksagung halb, nit vonn den minsten in der Statt Zug. *Ohne Ort und Jahreszahl.* (Zür., Froschauer 1530.) in-8.
18 unges. Blätter, das letzte leer.
186. Sextus Platonicus (Placitus), De medicina animalium bestiarum pecorum et avium. Cum scholiis Gabrielis Humelbergii. 1530. in-4.
187. Zwingli, Huldr., Ad illustrissimum Cattorum Principem Philippum, sermonis De prouidentia Dei Anamnema. 1530. in-8.

188. Zwingli, Huldr., Ad illustrissimos Germaniæ principes Augustæ congregatos, De conuitiis Eccii, epistola. 1530. in-4.
16 Blätter.

189. Zwingli, Huldr., Ad Carolum Romanorum imperatorem Germaniæ comitia Augustæ celebrantem fidei Huldrychi Zuinglij ratio. 1530. in-4.
20 Blätter.

190. Zwingli, Huldr. Ad Carolum Romanorum imperatorem Germaniæ comitia Augustæ celebrantem fidei Huldrychij ratio. Eiusdem quoque ad illustrissimos Germaniæ Principes Augustæ congregatos epistola. 1530. in-8.

191. Zwingli, Huldrych, zu Karoln Römischen Keiser, yetzund vff dem Rychstag zu Augspurg, Bekenntnuss des gloubens. (1530.) in-8.
Zwei Ausgaben, beide im gleichen Jahr erschienen.

192. Zwingli. An die durchlüchtigen Fürsten Tütscher nation zu Ougspurg versammlot ein sendbrieff, die schelckwort Eggens so er wider die warheyt vssgossen, betreffendt. *Am Ende:* Geben ze Zürich am 27. tag dess Ougstmonats im 1530. jar. *(Ohne Drucker-Angabe. Froschauer?)* in-4.
20 Blätter.

1531.

193. Bibel, die gantze, der vrsprünglichen Ebraischen vnd Griechischen waarheyt nach, auffs allertreuwlichest verteutschet. 1531. in-fol.
Mit Holzschnitten.

194. Bullinger, H., von dem vnuerschampten fräfel, ergezlichem verwyrren, vnnd vnwarhafften leeren, der selbsgesandten Widertöuffern, vier gespräch Bücher, zu verwarnenn den einfalten. Ein guter bericht vonn Zinsen. Ouch ein schöne vnderweysung von Zähenden. 1531. in-8.
178 Blätter.

195. Pellicanus, Chuonradus, Explicatio libelli Ruth. 1531. in-4.

196. Thylesius, Antonius, Pœmata Cyclops et Galatea. 1531. in-8.

197. Zwingli, Huldr., complanationis Jeremiæ prophetæ, fœtura prima, cum apologia cur quidque sic uersum sit. 1531 in-fol.

198. Zuinglius, Huldricus. Ad Philippenses annotatiuncula, per Leonem Judæ ex ore Huldrychi Zuinglij excepta. (Edidit Andreas Bot: Carolstadius.) 1531. in-8.
199. Zwingli. An den Durchlüchtigesten Fürsten vnd Herren, Herrn Philippen, Landgraaf in Hessen, Von der Fürsichtigkeyt Gottes, ein büchlin inn Latin beschribenn durch Meister Huldrich Zuinglin. Vertütschet durch Leo Jud. 1531. in-kl. 8.
113 ungez. Blätter, das letzte leer.

1532.

200. Acta gehaltner Disputation zu Zoffingen, mit den Widertöufferern. 1532. 8.
201. An den Durchlüchtigen hochgebornen Fürsten vnd herrn, herrn Allbrechten Marggrauen zu Brandenburg, in Prüssen etc. Hertzogen etc., Ein sendbrieff vnd vorred der dieneren des wort Gottes zu Zürich. Item ein büchlin Bertrami des Priesters, von dem lyb vnd blut Christi, an Keyser Karle, vertütscht durch Leonem Jud, diener der kilchen Zürich. 1532. in-8.
38 ungez. Blätter.
202. Bibliandri, Th., oratio ad enarrationem Esaiæ prophetæ. 1532. in-12.
32 Blätter.
203. Bullinger, Heinr., In epistolam Joannis apost. canonicam brevis et catholica expositio. 1532. in-8.
204. Bullinger, H., in piam et eruditam Pauli ad Hebræos epistolam commentarius. 1532. in-8.
138 gez. Blätter.
205. Bullinger, Heinr., De prophetæ officio oratio. 1532. in-8.
206. Bullinger, Heinrich, Vff Johansen, Wienischen Bischofs Trostbüchlin trostliche Verantwurtung. 1532. in-8.
207. Handlung oder Acta gehaltener Disputation vnd Gespräch zu Zoffingen mit den Widertäuffern. 1532. in-8.
208. Pellicani, C., commentaria Bibliorum. 1532—35. 5 voll. in-fol.
209. Rassdorffer, Paulus, der zyt armen diener des Herren worts in Betschwanden, im Land Glaris, in der Eydgnoschafft, Crütz mit sinen esten, gezwyet durch Paulum Rassdorffer. 1532. in-kl.8.
44 gez. Blätter. — Auf dem Titel befindet sich folgender gedr. Vers: „Kouff vnd liss des machers geringe nit ermiss. Hie vindestu kurtzen vnd begrünten bscheyd, Wie Gott die synen trybe in Swaarheyt. Dwält tlassen, jm anhäng ze sin, das wäys gudt man zum lüben hin."

210. **Rechenschaft** des Gloubens, der Dienst vnd Cerimonien der Brüder in Behmen vnd Mehrern. 1532. in-8.

211. Zwingli, Huldr., Enchiridion Psalmorun, quos sanctæ memoriæ clarissimus uir Hulderichus Zuinglius ex Ebraica ueritate latinitati donauit, et mira claritate illustrauit. 1532. in-16.
336 ges. Blätter. Herausgegeben von Leo Jud.

1533.

212. Das gantz Nüw Testament recht gruntlich vertütscht. Mit gar gelerten vnd richtigen vorreden, vnd der schwäresten örteren kurtz aber gut vsslegungen. 1533. in-16.

213. Bullinger, H., in acta apostolorum commentariorum libri VI. 1533. in-8.
327 Blätter.

214. Bullinger, H., in sanctiss. Pauli ad Romanos epistolam commentarius. 1533. in-8.

215. (Grossmann.) Megandri Casparis, Tigurini nunc Bernæ a concionibus, in epistolam Pauli ad Galatas, commentarius. Vna cum Joannis Rhellicani epistola et epigrammatis, in quibus ratio studij literarij Bern. indicatur. 1533. in-8.
48 ges. Blätter, das letzte leer.

216. Zuinglius. — Brevis et luculenta in Epistolam beati Jacobi Huldr. Zuinglij expositio, per Leonem Judæ ex ore eius excepta et recens ædita. 1533. in-8.

1534.

217. Bibel. Teütsch, auffs allertreuwlichest verdolmetschet. 1534. in-8. (oder kl.-4.)

218. Das gantz Nüw Testament recht gruntlich vertütscht. Mit gar gelerten vnd richtigen vorreden vnd der schwäresten örteren kurtz aber gut vsslegungen. 1534. in-12.

219. Propheta Nahum iuxta veritatem Hebraicam, Latine redditus per Th. Bibliandrum. 1534. in-8.

220. Bullinger, H., In Divi Petri apostoli epistolam utranque commentarius. 1534. in-8.

221. Bullinger, H., utriusque in Christo naturæ tam diuinæ quam humanæ, contra uarias hæreses, pro confessione Christi catholica, assertio orthodoxa. 1534. in-8.
222. Bullinger, H., De testamento Dei unico brevis expositio. 1534. in-8.
223. Bullinger, H., Commentarii in Pauli epistolas ad Corinthios. 1534—1535. in-8.
224. Jud, Leo, Catechismus. (Mit Bullinger's Vorrede.) 1534. in-12.
225. Jud, Leo, Des lydens Jesu Christi gantze vss den vier Euangelisten geeingte historia mit christenlicher vsslegung, darinn die frucht vnd nachuolg dess Lydens Christi angezeigt, ouch mit geistrychen gebätten geprysen vnd gelobt wirdt. 1534. in-kl. 8.
110 Blätter.
226. Vadianus, Joachim, Epitome trium terræ partium Asiæ, Africæ et Europæ, compendiariam locorum descriptionem continens, præcipue autem quorum in Actis Lucas, passim autem Evangelistæ et Apostoli meminere. 1534. in-fol.

1535.

227. Die gantze Bibel, das ist alle Bücher allts vnd neüws Testaments auffs allertreuwlichest vertütschet. 1535. in-fol.
228. Novum Testamentum omne Latina versione, oppositum æditioni vulgari s. Germanicæ. Das ganz Neuw Testament ze Teutsch dem Latinen entgägen gesetzt, mitsamt den Commentaren. (Mit Vorrede von Joh. Zwik.) 1535. in-4. (in-gr.-8.)
229. Acolastus. Ein Comœdia von dem Verlornen Sun, Luc. am 15. vertütscht vnnd gehalten zu Zürich im Jar MDXXXV. (1535.) in-8.
52 Blätter. Verfasser: W. Gnapheus. Uebersetzer: Georg Binder. Vgl. Goedeke, Grundriss. § 113, 13a und § 146, 71.
230. Bibliandri, Th., institutionum grammaticarum de lingua Hebræa liber unus. 1535. in-8.
231. Bullinger, H., Adversus omnia Catabaptistarum prava dogmata libri IV, per Leonem Judæ aucti. 1535. in-8.
232. Bullinger, H., Commentarii in epistolas ad Galatas, Ephesios, Philippenses et Colossenses. 1535. in-8.
233. Bullinger, H., In posteriorem Divi Pauli ad Corinthios epistolam commentarius. 1535. in-8.

234. Bullinger, H., Bericht der krancken. Wie man by den krancken vnd sterbenden menschen handlen, ouch wie sich ein yeder in siner kranckheit schicken vnd zum sterben rüsten sölle, kurtzer vnd einfallter Bericht. 1535. in-8.
48 ungez. Blätter.

235. Donatus, Aelius, Methodus scholiis utilissimis illustrata, opera Henrici Glareani ac Jo. Fabri jam auctis atque recognitis. 1535. in-8.

236. Erasmus v. Rott. Paraphrasis oder Postilla Teütsch. Das ist, klare Ausslegung aller Euangelischen vnd Apostolischen schrifften des Neuwen Testaments, nit auss yemants anfächtung neuwlich erdichtet, sunder auss den alten Christenlichen Leereren, dem vralten rächten verstand gemäss, gezogen, vnnd durch Erasmum von Roterodam erstlich in Latin beschriben, nachmals treuwlich verteütschet, zu dienst vnd erbauwung aller Christglöubigen Teütscher Nation. (Folgt Froschauer's Buchdruckerzeichen.) Darbey auch ein ordenlicher zeiger der hauptarticklen vnd fürnemsten punkten dess gantzen Neuwen Testaments, sampt einem Register der Epistlen vnnd Euangelien, so durch das gantz jar auff die Sonntag vnnd andere namhafften Fest vnd Feyrtag nach brauch etlicher Kirchen geläsen vnnd geprediget werden. Ohne Angabe des Druckorts u. Jahrs. *(wahrscheinlich um 1535.)* in-folio.
32 ungez. und 594 ges. Blätter. Mit vielen kleinen Holzschnitten.

237. Christennlich ordnung vnnd brüch der kilchen Zürich. 1535. in-4.

238. Zwingli, Huldr., opus articulorum siue conclusionum, ab H. Zwinglio uernacula lingua conscriptum, a Leone uero Judæ in latinam uersum. 1535. in-8.
XVI Blätter und 525 Seiten.

1536.

239. Die gantze Bibel, das ist alle Bücher allts vnnd neuws Testaments, auffs allertreuwlichest verdolmetschet. 1536. in-fol.

240. Die gantze Bibel, das ist alle Bücher allts vnd neuws Testaments auffs allertreuwlichest verteüschet. 1536. in-gr.8.

241. Bullinger, H., In Divi apostoli Pauli ad Thessalon., Timotheum, Titum et Philemonem epistolas commentarii. 1536. in-8.

242. Vadiani, Joa., aphorismorum libri VI de consideratione eucharistiæ, de sacramentis antiquis et novis, etc. 1536. in-fol.

243. Zwinglius, Huldrychus. Christianæ fidei Huldrichio Zuinglio prædicatæ, brevis et clara expositio, ab ipso Zuinglio paulo ante mortem eius ad Regem Christianum scripta, hactenus a nemine excusa et nunc primum in lucem ædita (per H. Bullinger.) 1536. in-8.

1537.

244. Calphurnii, T., et A. Nemesiani, æclogæ. (Cum Ant. Thylesii Cyclope.) 1537. in-8.
245. Catonis Disticha moralia cum scholijs Des. Erasmi Roterodami. Apophthegmata Sapientum. Mimi Publiani Institutum hominis christiani. Isocratis Paræneeis. Adj. Jani Anysii Sententiæ. 1537. in-8.
246. Musa, Antonius, De herba vetonica liber I. L. Apuleji de medicaminibus herbarum liber I. Per Gabrielem Humelbergium recogniti et emendati adjecto commentariolo. (1537.) in-4.
247. Pellicani, C., in IV Evangelia et Apostolorum acta commentarii. 1537. in-fol.
248. Pellicani, C., index Bibliorum. 1537. in-fol.

1538.

249. Bibel teütsch. Der vrsprünglichen Hebreischen vnd Griechischen Warheit nach, aufs dreülichest verdolmetschet. Dazu sind jetzund kommen ein schön vnd volkommen Register oder Zeiger über die ganze Bibel. Die Jarzal vnd Rechnung der Zeiten von Adam an bis auf Christum, mit sampt gewüssen Concordanzen, Argumenten vnd Zahlen. 1538. in-4. (oder gr.-8.)
250. Novum Testamentum, per Des. Erasmum Rot. nouissime recognitum. 1538. in-8.
251. Betuleii, Xysti, Susanna comœdia tragica. 1538. in-8.
252. Bullinger, H., de scripturæ sanctæ autoritate certitudine etc. deque Episcoporum institutione et functione libri II. 1538. in-4.
253. Bullinger, H., Bericht der krancken. Wie man by den krancken vnd sterbenden menschen handlen, ouch wie sich ein yeder in siner krankheit schicken vnd zum sterben rüsten sölle, kurtzer vnd einfallter Bericht. 1538. in-8.

48 ungez. Blätter.

1539.

254. Biblia sacra utriusque Testamenti et Vetus quidem post omnes omnium hactenus editiones, opera D. Sebast. Münsteri evulgatum etc. Novum vero non solum ad græcam veritatem, verum etiam ad multorum utriusque linguæ et interpretum et codicum fidem, opera D. Eras. Roter. ultimo recognitum et editum. Additi sunt ex LXX versione et Apocryphi libri sive ecclesiastici, qui habentur extra Canonem. 1539. in-4. (oder 8. maj.)

255. Bibel, teütsch, mit Figuren vnd Summarien der Capitlen. 1539—40. in-fol.

256. Bullinger, H., In omnes apostolicos epistolas, Pauli XIV et VII canonicas, commentarii, recogniti. Accessunt duo libelli. 1539. in-fol.

257. Bullinger, H., de origine erroris circa inuocationem diuorum, et circa cœnam Domini libri II. 1539. in-4.

258. Bullinger, H., der alt gloub. Das der Christen gloub von anfang der wält gewärt habe, der recht waar alt vnnd vngezwyfelt gloub sye, klare bewysung. 1539. in-kl. 8.
  64 unges. Blätter.

259. Bullinger, H., Von dem einigen vnd ewigen Testament oder pundt Gottes, kurtzer Bericht. 1539. in-8.

260. Ceporinus, Jacobus, Compendium grammaticæ græcæ. Hesiodi Georgicon, a Ceporino scholiastis adornatum. Epigrammata quædam. 1539. in-8.

261. Jud, Leo, Des lydens Jesu Christi gantze vss den vier Euangelisten geeingte historia mit christenlicher vsslegung, darinn die frucht vnd nachuolg dess Lydens Christi angezeigt, ouch mit geistrychen gebätten geprysen vnd gelobt wirdt. 1539. in-8.

262. Kinder Zucht. Von guten züchtigen vnd zierlichen sitten, gebärden, vnd wandel, in ston vnd gon, in reden vnd hören, zu tisch, by eeren lüten, daheim vnd dauss, vast notwendig jungen lüten sich darinn zu üben vnd zu lernen, ein vast nutzlich büchlin. 1539. in-kl. 8.
  13 unges. Blätter, das letzte leer. In Reimen.

263. Pellicani, C., in omnes apostolicas epistolas commentarii. 1539. in-fol.

264. Sextus Philosophus, De medicina animalium bestiarum pecorum et avium. Cum scholiis Gabrielis Humelbergii. 1539. in-4.
265. Vadiani, Joach., orthodoxa et erudita epistola, qua hanc explicat quæstionem, an corpus Christi propter conjunctionem cum uerbo inseparabilem, alienas a corpore sibi sumat conditiones. Accedunt Vigilii Martyris libri V· contra Eutychen etc. 1539. in-8.
266. Zvingli, Huldr. In evangelicam historiam domino nostro Jesu Christo, per Matthæum, Marcum, Lucam et Joannem conscriptam, epistolasque aliquot Pauli, annotationes D. Huldrychi Zvinglii per Leonem Judæ exceptæ et æditæ. Adjecta est epistola Pauli ad Hebræos et Joannis Apostoli epistola per Gasparem Megandrum. 1539. in-fol.
Auf der Rückseite des 3. Bl. Zwingli's Portrait.

1540.

267. Die gantze Bibel, das ist alle bücher alts vnd neüws Testaments auffs allertrüwlichest verteütschet. 1540. in-4.
268. Bullinger, H., In Acta Apostolorum commentariorum libri VI. Ab autore recogniti ac denuo excusi. 1540. in-fol.
269. Bullinger, H., der Christlich Eestand. Von der heiligen Ee harkummen, wenn, wo, wie, vnnd von wäm sy vfgesetzt, vnd was sy sye, wie sy recht bezogen werde, was jro vrsachen frucht vnd eer: dargegen wie vneerlich die hury vnd d'Eebruch sye. Ouch wie man ein kommlichen Eegmahel erkiesen, eeliche liebe trüw vnd pflicht halten vnd meeren, vnd die kinder wol vnd recht vfziehen sölle. 1540. in-kl. 8.
112 ungez. Blätter.

270. Nüw gsangbüchle von vil schönen Psalmen vnd geistlichen liedern, durch ettliche diener der kirchen zu Costentz vnd anderstwo merklichen gemeert, gebessert vnd in gschickte ordnung zesammengestellt zu übung vnnd bruch jrer ouch anderer Christlichen kirchen. (Vorred zu beschirm vnnd erhaltung des ordenlichen Kirchengsangs durch Joannem Zwick. 1540. in-kl. 8.
Titel, Vorrede u. Register 1 Bogen, und 241 Seiten Text.

271. Mosellanus, Petrus, pædologia cum dialogis Chr. Hegendorphini 1540. in-8.

272. Mosellanus, Petrus, Tabulae de schematibus et tropis: item in Rhetoricam Ph. Melanchthonis et in Eras. Roterod. copiam. (1540?) in-8.

273. Serenus, Q. Samonicus, De re medica seu morborum curationibus liber. Item G. Hummelbergii in Q. Sereni librum medicinalem commentarii. 1540. in-4.

274. Vadianus, Joachim. Ad Joannem Zuiccium epistola. Accedit antilogia ad Gaspari Schuenckfeldii argumenta in libellum qui ab eo Summarium inscriptus est. (1540.) in-8.

1541.

275. Actuarii (compendium librorum) de urinis, cum alijs nonnullis. 1541. in-4.

276. Aloisii Mundellae dialogi medicinales. 1541. in-4.

277. Dictionarium Latino-Germanicum, per Petrum Cholinum et Jo. Frisium. 1541. in-4. (und in-fol.)

278. Gesner, Conr., Compendium ex Actuarii Zachariae libris de differentiis urinarum, judiciis et praevidentiis. Universalis doctrina Claudii Galeni de compositione pharmacorum. Sylvula Galeni experimentorum, etc. 1541. in-8.

279. Gesner, Conradus, Libellus de lacte et operibus lactariis. Cum epistola ad Jacobum Avienum de montium admiratione. (1541.) in-8.

280. Proverbiae sive sententiae Salomonis, e veritate Hebraica in Latinum translatae per Leonem Judae. (1541.) in-8.

281. Stumpff, Joh., des grossen gemeinen Conciliums zu Costentz gehalten, kurtze Beschreybung. Item von Joh. Hussen vnnd Hieronymus von Prag, wie die gen Costentz kommen etc. *Ohne Jahreszahl.* (1541.) in-fol.
178 Blätter.

282. Vadianus. Pro veritate carnis, triumphantis Christi, quod ea ipsa, quia facta est et manet in gloria, creatura, hoc est nostra caro esse non desierit, $ἀνακεφαλαίωσις$ siue recapitulatio. Ad clarissimum uirum D. D. Joannem Zuiccium urbis Constantiensis Ecclesiasten. Authore Joachimo Vadiano. s. a. (1541.) in-8.
54 ges. Blätter.

1542.

283. **Bibel**, teutsch, d. i. Alle Bücher Alts vnd Neues Testaments, den vrsprünglichen Sprachen nach, nuffs allertreuwlichste vertütschet, etc. 1542. in-gr. 8. (*oder* kl.-4.)

284. Das gantz Neuw Testament recht grundtlich vertütscht. Mit gar gelerten vnd richtigen vorreden, vnd der schwäresten örteren kurtz aber gut vsslegungen. 1542. in-16.

285. **Apicius Cælius**. De opsoniis et condimentis, siue arte coquinaria, libri X. Item Gabr. Humelbergii annotationes. 1542. in-4.

286. **Apologiæ** quædam pro Homero et arte pœtica, e græco in latinum translatæ, per Conr. Gesnerum. 1542. in-8.

287. **Bullinger, H.**, in evangelium secundum Matthæum commentariorum libri XII. 1542. in-fol.

288. **Erasmus v. Rott.** Paraphrasis oder Erklärung des gantzen Neuwen Testaments. Hierinn findt der Christenlich läser den ganzen Text des Neuwen Testaments mit sampt der Gloss, das ist einer kurtzen vn gruntlichen der heiligen vier Euangelisten vnd aller Epistlen der heyligen Apostlen ausslegung, nit auss yemants anfechtung neuwlich erdichtet, sonder vraltem allgemeinem Christenlichen verstand gemäss, nuss der heyligen geschrifft, auch auss der alten bewärten vnd Christlichen der heyligen Kirchen leerern gezogen vnd anfangs durch den hochgelecrten vnd gottsäligen Mann Erasmum von Roterodam in Latinischer spraach aussgangen, yetzund aber durch den getreuwsten Diener Christi M. Leon Jude Predicanten Zürych in das Tütsch gebracht, zu gutem allen denen so in Tütschem land der leer Jesu Christi ze erkennen begirig sind. Es ist auch härzu gethon ein Register der Sonntäglichen Epistlen vnd Euangelien, sampt einem zeiger der fürnümsten materien so in disem buch gehandlet. 1542. in-fol.
Titelblatt, 36 Bll. Zeiger und 568 Bll. inclus. der von Leo Jud selbst verfassten Erklärung der Offenbarung St. Johannis.

289. **Gesner, Conrad**, Catalogus plantarum Latine Græce Germanice. Adjectæ herbarum nomenclaturæ uariarum gentium Dioscoridi ascriptæ. 1542. in-4.

290. Gualther, Rod., de syllabarum et carminum ratione libri II. 1542. in-8.

291. Moralis interpretatio errorum Vlyssis Homerici: authoris incerti. Commentatio Porphyrii de nympharum antro in XIII. libro Odysseæ Hom. Ex commentatione Procli in libros Platonis de republica apologiæ quædam pro Homero et fabularum aliquot enarrationes. Latina interpret. C. Gesnero. 1542. in-8.

292. Niger, Franc. Bassan., Ovidianæ metamorphoseos epitome. 1542. in-8.

293. Susenbrotus, Joannes, Methodus octo partium orationis, una cum formulis declinandi nomina ac coniugandi verba. 1524. in-8.

1543.

294. Biblia sacrosancta Testamenti Veteris et Novi e sacra Hebræorum lingua Græcorumque fontibus, consultis simul orthodoxis interpretibus, religiosissime translata in sermonem latinum. 1543. in-fol.
Sogen. Zürcherische Uebersetzung, bearb. v. Leo Jud, Bibliander und Pellicanus.

295. Biblia latina. (Cum præfatione H. Bullingeri.) 1543. in-4.

296. Bullinger, H., ad Johan. Cochlæi de canonicæ scripturæ et catholicæ ecclesiæ authoritate libellum, orthodoxa responsio. 1543. in-4.

297. Bullinger, H., in evangelium secundum Joannem commentariorum libri X. 1543. in-fol.

298. Gualther, Rodolphus, Argumenta omnium, tam veteris quam novi Testamenti, capitum, elegiaco carmine conscripta. 1543. in-8.

299. Infantes. Anno a Chr. nato 1543 Scaffhusiæ Helvetiorum nati sunt infantes duo uno corpore etc. Tiguri, Eustach. Frosch. (1543.) in-fol.
V. Catalog der Zürcher Stadtbibliothek II. p. 791.

300. Stobæus, Joannes, Sententiæ ex thesauris Græcorum delectæ et in sermones sive locos communes digestæ, Græce, a Conrado Gesnero in Latinam sermonem traductæ. 1543. in-fol.

1544.

301. Biblia sacrosancta Testamenti Veteris et Noui, e sacra Hebræorum lingua Græcorumque fontibus, consultis simul orthodoxis interpretibus, religiosissime translata in sermonem latinum. 3 partes. 1544. in-8.
Pars I besteht aus VIII u. 367 Bll., P. II. 92 Bll., P. III 109 Bll.

302. Bullinger, H., Antiquissima fides et vera religio. E German. in Latinum traducta per Diethelmum Cellarium. 1544. in-8.

303. Bullinger, H., breuis Ἀντιβολή, siue responsio secunda, ad maledicam Jo. Cochlæi de scripturæ et ecclesiæ authoritate replicam, una cum expositione de S. Christi catholica ecclesia. 1544. in-4.

304. Bullinger, H., In omnes apostolicas epistolas commentarii. Accedunt duo libelli do testamento Dei unico et de utraque in Christo natura. 1544. in-fol.

305. Bullinger, Henricus. De scripturæ sanctæ authoritate, certitudine, firmitate, et absoluta perfectione, deque Episcoporum, qui uerbi Dei ministri sunt, institutione et functione, contra superstitionis tyrannidisque Romanæ antistites, libri duo. Accessit authoris responsio ad Joannis Cochlæi de Canonicæ scripturæ et catholicæ ecclesiæ authoritate libellum. *s. a.* (1544.) in-4.

306. Bullinger, H., bericht der krancken. Wie man by den krancken vnd sterbenden menschen handlen, ouch wie sich ein yeder in siner kranckheit schicken vnd zum sterben rüsten sölle, kurtzer vnd einfaltter Bericht. 1544. in-8.
48 unget. Blätter.

307. Bullinger, Heinrich, der alt gloub. Das der Christengloub von anfang der wält gewürt habe, der recht waar alt vnd vngezwyflet gloub sye, klare bewysung. 1544. in-8.
64 unget. Blätter.

308. Bullinger, H., Hoffnung der Glöubigen Von der Vferstentnus vnd himmelfart vnsers Herren Jesu Christi, ouch von vnsers fleisches vferstüntnus, von dem ewigen läben der glöubigen, vnd ewiger verdamnuss der vnglöubigen, vss dem XII. buch der vsslegung dess H. Euangelij Matthei, in Latin geschriben

durch Hein. Bullingern, vnd durch Johansen Friesen vertütschet. *Ohne Angabe der Jahreszahl. Die Vorrede:* Dem frommen, erbern vnd getrüwen Hansen Widenhubern burgern zu S. Gallen *u. s. w. ist datirt:* Zu Zürich dess 28. tags Augusti, im 1544. Jar. in-8.

68 Bll., von denen das vorletzte die Angabe des Druckorts enthält und das letzte leer ist.

309. Lassbüchlin sampt der Schrybtafel, Mässen vnd Jarmarckten, vffs Jar MDXXXXIV. in-16.

16 Bll., Titel und letztes Bl. mit Holzschnitt.

310. Martialis epigrammata, in adolescentium praecipue scholarumque usum expurgata et in locos circiter LXXX digesta, ac plerisque in locis emendata per Conradum Gesnerum. Jacobi Micylli in Martialis epigrammata annotationes. 1544. in-8.

VIII Blätter, 426 Seiten und 2 unges. Bll.

311. Zwinglii, Huldrici, opera partim quidem ab ipso latine conscripta, partim uero e vernaculo sermone in latinum translata: omnia nouissime recognita et multis adjectis quae hactenus visa non sunt. (1544. 1545.) 4 voll. in-folio.
(I. Opera. II. Τα πολιτικά. III. Ex quae in Genesim, Exodum, Esaiam et Jeremiam partim ex ore illius excepta, partim ab ipso conscripta sunt, una cum Psalterio, lat. donato. IV. Annotationes in Evangelistarum et Apostolorum scripta aliquot ex ore eiusdem per Leonem Judae exc. Adi. est Ep. Pauli ad Hebr. et Joannis apost. ep. per G. Megandrum.)

1545.

312. Biblia sacrosancta Testamenti Veteris et Novi translata in sermonem Latinum. 1545. in-4.

313. Bibel, teutsch, das iste alle bücher alts vnd neüws Testaments, auffs allertreüwlichest vertollmetschet. 1545. in-fol.

314. Die gantze Bibel, das ist alle Bücher alts vnd neüws Testaments auffs allertreüwlichest verteütschet. 1545. in-gr.-8.

315. Bullinger, H., In sacrosanctum Evangelium secundum Marcum commentariorum libri VI. 1545. in-folio.

316. Bullinger, Heinr., Orthodoxa Tigurinæ ecclesiæ ministrorum confessio illorum et fidem et doctrinam, quam cum catholica sanctorum ecclesia communem habent, continens, in primis autem de cœna Domini Nostri Jesu Christi; una cum æqua et modesta responsione ad vanas et offendiculi plenas D. Mart. Lutheri calumnias, ... e Germanico Latinitati donata, R. Gualthero interprete. 1545. in-8.
136 Blätter, das letzte leer.

317. (Bullinger, H.) Warhaffte Bekanntnuss der dieneren der kirchen zu Zürych, was sy vss Gottes wort, mit der heiligen allgemeinen Christenlichen Kirchen glaubind vnd leerind, in sonderheit aber von dem Nachtmal vnsers Herren Jesu Christi: mit gebürlicher Antwort vff das vnbegründt ergerlich schmähen, verdammen vnnd schelten D. Martin Luthers, besonders in sinem letsten büchlin, Kurtze bekenntniss von dem heiligen Sacrament genannt, vssgangen. Mit zugethoner Kurtzer bekenntniss D. Martin Luthers vom heiligen Sacrament. 1545. in-kl.-8.
144 get. u. 23 unget. Blätter. — Verfasser ist Heinrich Bullinger. Haller III. 398.

318. Franck, Seb. Sprüchwörter Gemeiner Tütscher nation, erstlich durch Sebastian Franck gesammlet, nüwlich aber in kommliche ordnung gestellt vnd gebessert. Eustachin Froschauer *ohne Jahreszahl.* (1545.) 2 Thle. in-8.
247 u. 192 Blätter.

319. Gesner, Conr., bibliotheca universalis, s. catalogus omnium scriptorum locupletissimus, in tribus linguis, lat. gr. et hebr. vet. et recent. publicatorum et in bibliothecis latentium. 1545. in-folio.
631 Seiten.

320. Gualther, Rod., ad Catholicam ecclesiam omnemque fidelium posteritatem pro D. Huldrycho Zuinglio et operum eius editione Apologia. 1545. in-8.

321. Kinder Zucht. Von guten züchtigen vnd zierlichen sitten, gebarden, vnd wandel, in ston vnd gon, in reden vnd hören, zu tisch, by eeren lüten, daheim vnd dauss, vast notwendig jungen lüten sich darinn zu üben vnd zu lernen, ein vast nutzlich büchlin. 1545. in-8.
In Reimen. 18 unget. Bll., das letzte leer.

322. Lassbüchlin sampt der Schrybtafel, Mässen vnd Jarmarckten, vfs Jar MDXXXXV. in-16.
16 Blätter. Titel und letztes Bl. mit Holzschnitt.

323. Odenbach, Johann (Predicant zu Moscheln vnder Landsperg), Ein Trostbüchlo für die sterbenden, vss heiliger göttlicher geschrifft vff das kürtzest vnd trostlichest zugericht. (Eustachin Froschauer.) 1545. in-8.
24 Blätter.

1546.

324. Bullinger, H., In evangelium secundum Matthæum commentariorum libri XII. 1546. in-fol.

325. Bullinger, H., in evangelium secundum Lucam commentariorum libri IX. 1546. in-fol.

326. Dietz, Joh. Der Gloub vnd leer, ouch läben vnd tod des Doctor Johann Dietzen. 1546. in-8.

327. Gualtheri, Rod., Antichristus, id est, homiliæ quinque, quibus Romanum Pontificem uerum, et magnum illum Antichristum esse probatur, quem prophetarum, Christi et apostolorum oracula uenturum et cauendum prædixerunt. 1546. in-8.
8 Blätter Vorrede, 87 gez. u. 1 leeres Blatt.

328. Walther, Rudolf, der Endchrist. Kurtze, klare vnd einfaltige bewysung, in fünff Predigen begriffen. Dass der Papst zu Rom der rächt, war, gross vnd eigentlich Endchrist sye, von welchem die H. Propheten vnd Apostel gewyssagt vnnd vns gewarnet habend. Ohne Ort u. Jahreszahl. (1546.) in-8.
93 gez. Blätter.

329. Honter, Joannes. Rudimenta cosmographica. 1546. in-8.

330. Josephus. Rabbinico-Germanice ex versione Michæl Adam. 1546. in-4.

331. Lassbüchlin sampt der Schrybtafel, Mässen vnd Jarmarckten, vfs Jar MDXXXXVI. in-16.
16 Blätter. Titel und letztes Bl. mit Holzschnitt.

332. Sententiarum siue capitum theologicorum præcipue, tomi tres per Antonium et Maximum monachos collecti. Abbæ Maximi aphorismorum centuriæ IV. Theophili Antioch. ep. institutionum libri III. Tatiani oratio contra Græcos. Græce et latine. 1546. in-folio. (Conr. Gesnero, Jo. Ribitto et Conr. Clausero interpr.)

333. Stumpff, Joh., Gmeiner loblicher Eydgnoschafft beschrybung: Darinn auch die gelägenheit der gantzen Europe, vnd ein Chronica Germanie, dessglichen ein bschrybung Gallie, fürgestelt wirt. 1546. in-fol.
334. Theodoreti episc. Cyri, de prouidentia sermones X, græco, latinitate donati, Rod. Gualthero interprete. 1546. in-8.
335. Vadiani, Joa., epitome trium terræ partium Asiæ, Africæ et Europæ locorum descript., cont. præcip. quorum in actis Lucæ et Evang. Apost. memin. Ab ipso autore recognitum. (1546.) in-8.
Mit geograph. Karten.

1547.

336. Novum Testamentum græce. 1547. in-8.
337. Novum Testamentum per D. Erasmum Roterodamum recognitum. 1547. in-8.
338. Gualther, Rod., Argumenta omnium, tam veteris quam novi Testamenti, capitum, elegiaco carmine conscripta. 1547. in-8.
339. Laszbüchlin sampt der Schrybtafel, Mässen vnd Jarmarckten, vffs Jar M.DXXXXVII. in-16.
16 Blätter. Titel und letztes Bl. mit Holzschnitt.
340. Virgilii Maronis opera. Vna cum annotatiunculis Phil. Melanchthonis. 1547. in-8.

1548.

341. Bibel, teutsch, d. i. alle bücher, etc. Mit vermehrtem Register. 1548. in-fol.
342. Bibel, teutsch, das ist alle bücher alts vnd neüws Testaments, auffs allertreüwlichest vertolmetschet. 1548. in-8. (*oder* kl.-4.)
343. Bibliandri, Theod., de ratione communi omnium linguarum et literarum commentarius, cum explicatione compendiaria doctrinæ rectæ beatæque uiuendi et religionis omnium gentium. 1548. in-4.
344. Bullinger, H., In evangelium secundum Joannem commentariorum libri X. 1548. in-fol.
345. Bullinger, H., series et digestio temporum et rerum descriptarum à beato Luca in Actis Apostolorum. 1548. in-4.
55 gez. Blätter.

346. **Bullinger, H.**, der christlich Eestand. Von der heiligen Ee harkummen vnd was sy sye, u. s. w. 1548. in-12.
<small>103 gez. Blätter.</small>

347. **Catalogus** librorum quos Christophorus Froschouerus Tiguri suis typis excudit. *S. a.* (1548.) in-fol.
<small>1 Blatt.</small>

348. **Ceporinus**, Jacobus, Compendium grammaticæ græcæ, cum accessionibus Jo. Frisii. 1548. in-8.

349. **Dictionariolum** puerorum tribus linguis, Latina, Gallica et Germanica conscriptum. Latino-gallicam edidit Rob. Stephanus, Germanicam translationem adjecit Joh. Frisius. 1548. in-4.

350. **Epigrammata** selectorum e Græcis scriptoribus epigrammatum centuriæ duæ. (Edid. Rud. Gualther.) 1548. in-12.
<small>95 Seiten.</small>

351. **Gesneri**, Conr., pandectarum sive partitionum universalium libri XXI. 1548. in-fol.

352. **Gualtherus**, Rod., 'Οικέτης seu servus ecclesiasticus, id est de officio ministrorum Ecclesiæ oratio. 1548. in-4.

353. **Hesiodus.** Pœma inscriptum 'Εργα και ημέραι, i. e. Opera et dies. Græce. Accedunt scholia Jac. Ceporini, per Jo. Frisium aucta. Item selecta aliquot Græcorum Epigrammata. 1548. in-8.

354. **Honter, Joa.**, rudimenta cosmographica, carmen, cum tabulis geograph. 1548. in-8.

355. **Lassbüchlin** sampt der Schrybtafel, Mässen vnd Jarmarckten, vffs Jar MDXXXXVIII. in-16.
<small>16 Blätter, Titel und letztes Bl. mit Holzschnitt.</small>

356. **Vadianus**, Joachim, Epitome trium terræ partium Asiæ, Africæ et Europæ, compendiariam locorum descriptionem continens, præcipue autem quorum in Actis Lucas passim autem Evangelistæ et Apostoli meminere, adiectis etiam tabulis. 1548. in-8.

1549.

357. **Bibel**, teutsch, das ist alle bücher alts vnd neüws Testaments auffs allertreüwlichest vertolmetschet. 1549. in-8.

358. **Bullinger, H.**, in omnes Apostolorum epistolas, divi videlicet Pauli XIIII et VII canonicas, commentarii, ab ipso jam recogniti et nonnullis in locis aucti. 1549. 2 pts. in-fol.

359. Bullinger, H., Sermonum decades II de potissimis veræ religionis capitibus. Sermonum tomus I. 1549. in-4.
360. Dictionariolum Rob. Stephani latino-gallicum una cum interpretatione germanica Jo. Frisii. 1549. in-4.
361. Gesner, Conr., partitiones theologicæ, pandectarum vniuersalium liber ultimus. 1549. in-fol.
362. Gualther, Rodolphus, Nabal. Comœdia sacra quæ inscribitur Nabal, desumpta ex I. Samuelis XXV. cap. nun primum conscripta et ædita. *s. l. n. a.* (*Tiguri, Froschauer* 1549.) in-8.
51 Blätter.
363. Honter, Joannes. Rudimentorum cosmographicorum libri III cum tabulis geographicis. 1549. in-12.
364. Lassbüchlin sampt der Schrybtafel, Müssen vnd Jarmarckten, vffs Jar MDXXXXIX. in-16.
16 Blätter. Titel und letztes Bl. mit Holzschnitt.
365. Stobæi, Joannis, collectanea sententiarum siue locorum communium ex uetustissimis authoribus Græcis (cum alijs quibusdam opusculis) Græce et Latine Conr. Gesnero interprete. 1549. in-8.
366. Theodoreti Episc. Cyri, De providentia sermones X. Latinitate donati Rod. Gualthero interprete. 1549. in-8.

1550.

367. Biblia latina sacrosancta Testamenti Veteris et Novi, translata in sermonem latinum. 1550. in-8. maj.
Uebers. von Leo Jud und Th. Bibliander.
368. Bibel, Teutsch, das ist alle Bücher alts vnd noüws Testaments auffs allertreüwlichest verteütschet. 1550. in-gr.8.
369. The whole Byble, thatis, the Olde and Newe Testamente, druly and purely translated in to Englische, by Mayst. Thomas Mathewe etc. Christ. Frosch. imprynted in Zurych 1550. in-4.
370. The Newe Testament faythfully translated by Miles Loverdal. Imprynted at Zurich, by Christ. Froschouer, 1550. in-12.
371. Bullinger, H., Sermonum decas III. Accedunt ex quarta decade sermones duo (priores). Sermonum tomus II. 1550. in-4.
372. Bullinger, H., Sermonum decas quarta. (Ad tomum secundum.) 1550. in-4.

373. Ceporini, Jac., compendium grammaticæ græcæ, cum accessionibus Jo. Frisii. 1550. in-8.

374. Denk, Hans. Vom Gsatz Gottes. Wie das Gsatz auffgehaben sey, vnnd doch erfüllet werden muss. Item von der waren lieb u. s. w. Hans Denck. *O. O. u. J. (Zür., Froschauer, circa 1550.)* in-8.
30 Blätter. Weller, Repertorium. 3761. II.

375. Gualtheri, Rod., Antichristus. Id est, Homiliæ quinque, quibus Romanum Pontificem verum, et magnum illum Antichristum esse probatur, etc. *s. a.* (1550. ?) in-8.

376. Lassbüchlin sampt der Schrybtafel, Müssen vnd Jarmarckten, vffs Jar MDL. in-16.
16 Bll. Titel und letztes Bl. mit Holzschnitt.

377. Rueff, Jacob. Ein nüw vn lustig Spyl von der erschaffung Adams vnd Heua, auch jrer beider faal im Paradyss. Gespilt von einer loblichen burgerschafft Zürych, vff den 9. vnnd 10. tag Juny, im 50. Jar. Fast textlich onet was die action zutragen: sampt den Concordantzen. Durch Jacobum Rüff, Steinschnyder Zürych. 1550. in-8.
120 Blätter.

1551.

378. Bibel, teutsch, das ist alle Bücher alts vnd neüws Testaments, auffs allertreüwlichest vertolmetschet. 1551. in-fol.

379. Aberlin, Joachim. Bibel oder heilige geschrifft gsangsweyss, in dry lieder vffs kürtzest zusamen verfasst. 1551. in-8.

380. Bullinger, H., Antithesis et compendium euangelicæ et papisticæ doctrinæ. 1551. in-8.

381. Bullinger, H., Sermonum decas V. (tomus tertius.) 1551. in-4.

382. Bullinger, H., Die rechten opffer der Christenheit. Ein predig vss dem 13. cap. Pauli zu den Hebreern. 1551. in-8.
16 ungez. Blätter.

383. Cicero, Oratio ad populum et equites Romanos ante quam iret in exilium, cum commentario Othonis Vverdmülleri. 1551. in-8.

384. Gesner, C., historiæ animalium liber I de quadrupedibus viviparis. 1551. in-fol.
Mit Holzschnitten.

385. Lassbüchlin sampt der Schrybtafel, Mässen vnd Jarmarckten, vff's Jar MDLI. in-16.
16 Bll. Titel und letztes Bl. mit Holzschnitt.

386. Martyr, Petrus Vermilius, in selectissimam S. Pauli priorem ad Corinthios epistolam, commentarii doctissimi. 1551. in-4.

387. Werdmüller, Otho, de ministro ecclesiae, sermones III in solennibus coetibus ecclesiasturum urbis et agri Tigurini. 1551. in-8.
48 gez. Bll., das letzte leer.

388. Werdmüller, Ottho, Ein kleinot, von trost vnd hilff inn allerley trübsalen. 1551. in-16.

389. Werdmüller, Ottho, Houptsumma der waren religion. 1551. in-8.

1552.

390. Bibel, Teütsch, das ist alle bücher Alts vnd Neuws Testaments, den vrsprünglichen spraachen nach, auffs allertreüwlichest verteütschet. Darzu sind yetzund kommen ein schön vnd volkommen Register oder Zeiger über die gantzen Bibel. Die jarzal vnd rechnung der zeyten von Adamen bis an Christum, Item ein kurtzer summarischer begriff der heiligen geschrifft, mit sampt gewüssen Concordantzen, Argumenten vnd Zalen. 1552. 2 Theile in-4.
Zu Anfang jeden Theils ein Holzschnitt.

391. Bullinger, H., Sermonum decades V, de potissimis uerae religionis capitibus in tres tomos digestae. 1552. in-fol.

392. Bullinger, H., von warem beständigem Glouben in aller not vn anfächtung; ein predig. 1552. in-8.
24 Blätter.

393. Bullinger, H., Von rächter hilff vnd errettung in nöten. Ein predig. 1552. in-8.

394. Bullinger, H., Von der Verklärung Jesu Christi: ouch von vnserer verklärung, vnsern stand vnd wäsen in ewiger fröud vnd säligkeit. Das ouch vnser herr der waar Messias, der rächt frid vnd der einig aller wält leerer sye, zwo Predigen. 1552. in-8.
32 Blätter.

395. Despauterij, Joa., de figuris carmen, in tabula excusum. 1552.

396. Frisius, Joannes, Synopsis isagoges musicae. 1552. in-fol.

397. Funckelin, Jacob. Ein trostlich besserlich Spyl, vss dem eillften Capitel Johannis, von Lazaro, welchen Christus von don todten am vierten tag vferweckt hat. Welchem ouch angehenckt ist das Gastmal der schwösteren Lazari, Marthe vnnd Marie. Luc. 10. cap. Gemachet durch Jacob Funckelin, Anno 1552. Vnd ouch dess jars durch die Jugend zu Biel offenlich gespilt. *Ohne Jahr.* (1552.) in-8.
   C¼ Bogen. Mit Titelwappen. 30 redende Personen.
398. Honteri, Joa., rudimenta cosmographica. 1552. in-8.
399. Kalender vff das MDLII. Jar. 1 Blatt in-folio. Mit Holzschnitten. Drei verschiedene Ausgaben:
   1. mit der Ueberschrift: Schilt der fürnämsten Landen des Christlichen gloubens. Ohne Angabe des Druckers. 1 Blatt in-folio.
   2. mit der Ueberschrift: So man zelt nach der geburt Christi MDLII ist ein Schaltjahr u. s. w. Eustachin Froschauer. 1 Bl. in-folio.
   3. mit der Ueberschrift: Vff das man hieriun nit nur die gesundtheit des lybs, sunder ouch den wolstand der seel erlerne, sind hienäbend zu gedruckt die Zehen gebott Gottes, wie sy Gott Moysi vff dem berg Sinai angegeben vnd mit sinem finger in zwo steinin tafflen geschriben hat, Exodi am XX. cap. *Am Ende:* Zürich, gedruckt by Eustachin Froschauer. 1 Bl. in-fol.
   Alle drei Ausgaben sind roth und schwarz gedruckt.
400. Lassbüchlin sampt der Schrybtafel, Mässen vnd Jarmarckten, vffs Jar MDLII. in-16.
   32 Blätter. Titel und letztes Bl. mit Holzschnitt.
401. Orationes piæ, uerbotim ex sancto Psalmorum libro recollectæ. Ex Germanico Joa. Halleri. 1552. in-16.
402. Walther, Rudolf, Von der knächtschafft der sünd vnd fryheit der glöubigen in Jesu Christo. Ein predig vss dem VI. capitel der Epistel Pauli zu den Römern. 1552. in-8.
   32 ungez. Blätter, das letzte leer.
403. Walther, Rud.,. Das Lobgsang Zacharie, vss dem ersten Capitel Lucc geprediget vnd vssgelegt. 1552. in-8.
   60 Blätter, das letzte leer.
404. Walther, R., Ein Trostpredig von der zukunfft Jesu Christi. 1552. in-8.

405. Werdmüller, Otho, Vom höchsten artikel 4 bücher. Wie der mensch vor Gott gerecht vnd sälig werde. 1552. in-kl. 8.
VIII und 220 gez. Blätter.
406. Werdmüller, Ottho, Houptsumma der waren religion. 1552. in-8.
407. Werdmüller, Ottho, Der Tod. 1552. in-16.

1553.

408. Bibel Teütsch, Das ist alle bücher Alts vnd Neuws Testaments auffs allertreüwlichest verteütschet. 1553. in-fol.
409. Novum Testamentum, latinum, p. Erasmum Rot. recognitum. 1553. in-8.
410. Bullinger, H., Dispositio et perioche historiæ evangelicæ per IV Evangelia contextæ nec non Actuum Apostolorum, Epistolarum quoque Pauli 14 et Canonicarum 7 ex Commentariis Heinrychi Bullingeri petita, et in formam Enchiridii redacta. 1553. in-8.
411. Bullinger, H., De ss. Cœna Domini nostri Jesu Christi, qua forma, quo ritu, et in quem finem eam instituerit: quomodo item ad ipsam nos præparari oportet; homiliæ duæ. Ex germanica lingua in latinam versæ. 1553. in-8.
412. Bullinger, H., Von dem heiligen Nachtmal Vnsers herren Jesu Christi, wie oder welcher form vnnd gestalt, vnnd warumb er das yngesetzt habe: ouch wie der mensch sich zu sömlichem hochwirdigen Mal rüsten vnnd schicken sölle, zwo Predginen. 1553. in-8.
36 unget. Blätter.
413. Bullinger, H., Von rechter buss oder besserung dess sündigen menschens: Ouch von der grossen Gottes Barmhertzigkeit, die er gnädigklich allen armen sünderen bewysen wil, dry Predginen. 1553. in-8.
33 unget. Blätter.
414. Catechismus. Breuissima christianæ religionis formula. (1553.?) in-8.
415. Der kürtzer Catechismus. Von den Dienern des Worts zu Zürych gestellt in Frageuswyss durch Leo Jud. 1553. in-8.

1553.

416. Cicero, de officijs, de amicitia, senectute, paradoxa et somnio Scipionis, cum annotationibus doctissimorum uirorum, et nouis quibusdam. 1553. in-8.

417. Clauser, Conr., de oratione liber, ad illustrissimi Principis et Ducis Suffolchiæ, Ser. Regis Angliæ consiliarii filias. 1553. in-8.
51 gez. und 1 leeres Bl.

418. Dictionariolum sex linguarum, Latinæ, Gallicæ, Hispanicæ, Italicæ, Anglicæ et Teutonicæ dilucidissimum. 1553. in-16.

419. Erasmi Rot. integrum opus colloquiorum. 1553. in-8.

420. Funckelin, Jacob. Ein geistlich Spyl von der Empfengknuss vn Geburt Jesu Christi: ouch dem, welches sich vor, by vnnd nach der geburt verloffen hat. Wie sölichs beschriben wirt in den zwey ersten Capiteln Matthei vnd Luce, der Euangelisten, vffs kürtzest vergriffen. Gedicht durch Jacob Funckelin Anno 1552 vnd gespilt durch die Jugend zu Biel vffs Nüw Jar. 1553. in-8.
32 Blätter.

421. Gesner, Conr., icones animalium quadrupedum uiuiparorum et ouiparorum, cum nomenclaturis singulorum, uidelicet latinis, ital. gall. et germanicis plerumque. 1553. in-fol.

422. Gualtherus, Rod., In Joannis apostoli et euangelistæ epistolam canonicam, homiliæ XXXVII. In ejusdem apostoli duas posteriores epistolas, homiliarum sylvæ. 1553. in-8.

423. Walther, Rud., Von christenlicher bestendigkeit in warem Glouben. Vss der 1. Epistel Johannis, ein Predig. 1553. in-8.
32 Blätter.

424. Walther, Rud., die Geburt vnd Menschwerdung vnsers Herrn, ein predig vss dem 2. Capitel Luce. 1553. in-8.

425. Walther, Rud., Von der heiligen Gschrifft vnd jren vrsprung, dessglychen in was wirde vnd ansähens die selbig sye, vnd zu was nutzes sy vns menschen dienen sölle. Ohne Ort und Jahr. (1553.) in-8.
49 ungez. Blätter, das letzte leer.

426. Walther, Rud., Die Kindtheit vnd Vfferziehung vnsers Herren Jesu Christi. Von rechter Christenlicher Kinderzucht, zwo Predginen vss dem anderen Capitel Luce, gethon vnn beschriben durch Rudolffen Walther, diener der Kilchen Zürych. 1553. in-8.
56 ungez. Blätter, das letzte leer.

427. Walther, Rud., Der hundert vnd dryzähend Psalm, so in der kilchen Zürych by dem Nachtmal vnsers Herren Jesu Christi verläsen wirt, geprediget vnd vsagelegt. 1553. in-8.
32 unget. Bll., das letzte leer.
428. Lassbüchlin sampt der Schrybtafel, Mässen vnd Jarmarckten vffs Jar MDLIII. in-16.
32 Bll. Titel und letztes Bl. mit Holzschnitt.
429. Der Puren Kalender auff das Jar MDLIII. in-16.
16 Bll. mit Holzschnitten.
430. Terentius, cum scholiis per Diethelmum Cellarium collectis. 1553. in-8.

1554.

431. Testamenti Noui æditio postrema per D. Erasmum Roterodamum nouissime recognitum et picturis undique illustratum. 1554. in-8.
432. Antonii, M., De rebus diuinis carmina. 1554. in-8.
433. Bullinger, H., De Gratia Dei iustificante nos propter Christum, per solam fidem absque operibus bonis, fide interim exuberante in opera bona, libri IV. 1554. in-4.
434. Bullinger, H., Von dem zytlichen Gut. Wie das recht vnd mit Gott überkommen, besässen vnd gebrucht sölle werden, zwo Predginen, in tütsche spraach vertolmetschet durch Johansen Hallern, dienern der kilchen zu Bern im Vchtland. 1554. in-8.
36 unget. Blätter.
435. Flaminii, Antonii, de rebus diuinis carmina. 1554. in-12.
16 Blätter, das letzte leer.
436. Frisius, Joannes, Brevis Musicæ Isagoge. Access. priori æditioni omnia Horatii carminum genera etc. quatuor uocibus ad æquales composita. 1554. in-8 obl.
437. Frisius, Joannes, Novum Dictionariolum puerorum Latinogermanicum et e diverso Germanico-Latinum. 1554. in-8.
438. Gesner, Conrad, Historiæ animalium liber secundus, de quadrupedibus oviparis, cum appendice. 1554. in-fol.
Mit Holzschnitten.
439. Gualtherus. Argumenta omnium, tam ueteris, quam Noui Testamenti, capitum, elegiaco carmine conscripta: autore Rodolpho Gualthero. 1554. in-8.

440. Gualtherus, Rodolphus, De syllabarum et carminum ratione libri II. 1554. in-8.
441. Lassbüchlin sampt der Schrybtafel, Mässen vnd Jarmarckten, vffs Jar MDLIV. in-16.
32 Bll. Titel und letztes Bl. mit Holzschnitt.
442. Ruff, Jacob, de conceptu et generatione hominis libri VI. 1554. in-4.
Mit Abbildungen.
443. Rueff, Jacob, Ein schön lustig Trostbüchle von den empfengknussen vnd geburten der menschen. 1554. in-4.
444. Stumpf, Joh., Schwytzer Chronica, Auss der grossen in ein handbüchle zusamen gezogen: in welcher nach der jarzal begriffen ist gemeiner loblicher Eydgnoschafft zeyt, harkummen, alte auch neuwe, besondere vnd gemeine thaaten vnnd händel, biss auff das jar Christi 1546. Darzu auch verzeichnet sind des Teütschen lands vnnd Franckrychs etc. namhaffte sachen, sampt der zeyt vnd regierung aller Römischen Keiseren vnd Künigen, auch was gemeins in andern Chronicken begriffen ist. Durch Johansen Stumpffen gestellt. 1554. in-8.
Titel, Dedication und 256 Blätter. Mit Holzschnitten.

1555.

445. Bullinger, H., Das Jüngste Gericht Vnsers Herren Jesu Christi, wie er das werde halten über alle wält, am letzten tag, vss dem heiligen Euangelio Matthei am 25. capitel mit zweyen Predigen vssgelegt. 1555. in-8.
Titel und 50 ungez. Blätter.
446. Bullinger, H., Von dem Heil der Glöubigen. Wie es alle zyt, von anfang der wält, glych, durch das wort Gotts vnd die heilige Sacramenta, den menschen verkündt vnd fürtragen worden sye, ein Predig. 1555. in-8.
24 Blätter, das letzte leer.
447. Bullinger, H., Von dem heiligen Nachtmal Vnsers Herren Jesu Christi, wie oder welcher form vnnd gestalt, vnnd warumb er das yngesetzt habe: ouch wie der mensch sich zu sömlichem hochwirdigen Mal rüsten vnnd schicken sölle, zwo Predginen. 1555. in-8.
36 Blätter.

448. Bullinger, H., Die rechten opfer der Christenheit. Ein predig vss dem 13. cap. Pauli zu den Hebreern. 1555. in-8.
16 ungez. Blätter.

449. Calvinus, Joannes, Defensio sanæ et orthodoxæ doctrinæ de sacramentis, etc. 1555. in-8.

450. Ein nüw Fundament Büchle, von mancherley geschrifften. 1535. in-fol.

451. Gesner, Conr., bibliothecæ universalis appendix. 1555. in-fol.

452. Gesner, Conr., epitome bibliothecæ, primum a Conr. Lycosthene conscripta, nunc denuo recognita et insigniter aucta per Josiam Simlerum. 1555. in-fol.
184 Blätter und 13 Bll. Index.

453. Gesner, Conrad, Mithridates. De differentiis linguarum tum veterum, tum quæ hodie apud diversas nationes in toto orbe terrarum in usu sunt. 1555. in-8.
Mit dem „Vater Unser" in 20 Dialecten.

454. Gesner, Conrad, historiæ animalium liber tertius, qui est de avium natura. 1555. in-fol.
Mit Holzschnitten.

455. Gesner, Conr., icones auium, una cum earum nomenclaturis, etc. 1555. in-fol.

456. Gesner, Konrad, Thierbuch. Durch C. Forer aus dem Latin ins Teutsch gebracht. 1555. in-fol.
Mit Holzschnitten.

457. Gesner, Konrad, Vogelbuch. Durch Rud. Heusslin aus dem Latin ins Teutsch gebracht. 1555. in-fol.
Mit Holzschnitten.

458. Walther, Rudolf, Die Vffart. Von der Vffart vnsers Herren Jesu Christi vnd Sendung dess heiligen Geists dry Predginen vss dem 1. vnd 2. capitel der Gschichten der heiligen Apostlen. 1555. in-8.
63 Blätter.

459. Kalender vff das MDLV. Jar. in-fol.
1 Bl. mit Abbildung, auf welcher biblische und griechische Genesis vermengt sind. Darüber die Verse:
„Adam hat zersten ghackt vnd grüt
Gesäyt daruss dann wachsend dlüt."
Im Besitz der antiquar. Gesellschaft in Zürich.

460. Lassbüchlin sampt der Schrybtafel, Mässen vnd Jarmarckten vffs Jar MDLV. in-16.
32 Blätter. Titel und letztes Bl. mit Holzschnitt.

1556.

461. Bibel, die gantze, das ist alle Bücher alts vnd news Testaments, den vrsprünglichen sprachen nach auffs allertrewlichste verteutschet. 1556. in-fol.
Mit Holzschnitten.

462. Testamentum Novum latine. (per Erasmum Rot. recognitum.) 1556. in-8.

463. Bibliander, Theod., Christianismus sempiternus, verus, certus, et immutabilis. 1556. in-4.

464. Bullinger, H., in acta apostolorum commentariorum libri VI. 1556. in-fol.
218 Seiten.

465. Bullinger, H., compendium christianæ religionis, decem libris comprehensum. A studioso quodam e Germanica lingua in Latinam conversum. 1556. in-8.

466. Bullinger, H., Summa Christenlicher Religion. Darinn vss dem wort Gottes, on alles zancken vnd schälten, richtig vnd kurtz, anzeigt wirt, was einem yetlichen Christen notwendig sye zu wüssen, zu glouben, zu thun vnd zu lassen, ouch zu lyden, vnd säligklich abzusterben, in X Artickel gestelt. 1556. in-8.
VIII und 184 ges. Blätter.

467. Bullinger, H., Von der Verklärung Jesu Christi: ouch von vnserer verklärung, u. s. w. zwo Predginen. 1556. in-8.
32 Blätter.

468. Frisii, Joannis, dictionarium latino-germanicum. Editio nova, postrema, et omnium absolutissima. 1556. in-folio.

469. Frisii, Joannis, Novum Dictionariolum puerorum Latino-germanicum, et e diuerso Germanico Latinum. 1556. in-8.

470. Lassbüchlin sampt der Schrybtafel, Mässen vnd Jarmarckten vffs Jar MDLVI. in-16.
32 Bll. Titel und letztes Bl. mit Holzschnitt.

471. Rueff, Jacob, Libellus de tumoribus quibusdam phlegmaticis non naturalibus. 1556. in-4.

472. Stumpf, J., Keyser Heinrychs des vierdten, hertzogen zu Francken vnd am Rhyn, fünfftzigjührige historia. 1556. in-fol.
473. Walther, Rud., Die Beschnydung vnsers Herrn Jesu Christi, geprediget vnd vssgelegt. 1556. in-8.
474. Walther, Rudolf, Das Vatter vnser. Vom Gebätt der Christglöubigen, was das selbig sye, wie sich der mensch darzu bereiten vnd darinnen halten sölle, sampt einer vsslegung des Gebätts, das vns der Herr Jesus Christus geleert hat. Alles geprediget vnd beschriben durch R. W. 1556. in-8.
184 grz. Blätter.

1557.

475. Das ganz Neuw Testament recht grundlich vertütschet. Hiezu sind kommen nuzliche vnd follkommene Summarien oder Inhalt aller vnd jeder Capitlen insonderheit, samt den nothwendigen Concordanzen: alles neuwlich beschriben, vnd vormals nie dergstalt aussgangen. 1557. in-8.
476. Bullinger, H., In Jeremiæ prophetæ Cap. I—VI concioues XXVI. 1557. in-8.
477. Gualther, R., in acta apostolorum per Lucam descripta homiliæ CLXXIV. 1557. in-fol.
478. Lassbüchlin sampt der Schrybtafel, Mässen vnd Jarmarckten, vffs Jar MDLVII. in-16.
32 Bll. Titel und letztes Bl. mit Holzschnitt.

1558.

479. Testamentum Novum, græce. 1558. in-8.
480. Blum, Hans. Von den fünff Sülen, grundtlicher bericht, vnnd deren eigentliche contrafayung, nach Symmetrischer vssteilung der Architectur. Durch den erfarnen, vnd der fünff Sülen wolberichten, Hans Blumen von Lor am Mayn, flyssig vss den antiquiteten gezogen vnd trüwlich, als vor nie beschehen, inn Truck abgefertiget. 1558. in-fol.
52 ungez. Bll. mit Holzschnitten.

481. Bullinger, H., De cœna Domini sermo. 1558. in-8.
482. Bullinger, H., in omnes Apostolorum epistolas, divi videlicet Pauli XIIII et VII., commentarii, ab ipso jam recogniti et nonnullis in locis aucti. 1558. *2 pts.* in-fol.
483. Bullinger, H., Festorum dierum Christi sermones ecclesiastici. 1558. in-fol.
484. Bullinger, H., Sermones Jeremiæ Capp. VII—XIV, XXVI concionibus expositi. 1558. in-8.
485. Bullinger, Heinrich, Haussbuch, darinn begriffen werdend fünfzig Predigten, über die zähen Gebott Gottes, die zwölff Artickel dess christlichen gloubens u. s. w. In teutsche sprach verdollmetschet durch Johann Haller. Bärn, auss verlegung Christ. Froschower's, 1558. in-folio.
486. Clarorum virorum epistolæ, latinæ, græcæ et hebraicæ variis temporibus missæ ad Joan. Reuchlin Phorcensem. 1558. in-8.
487. Gesner, Conrad, Historiæ animalium liber quartus, qui est de piscium et aquatilium animantium natura. 1558. in-fol.
Mit Holzschnitten.
488. Kalender vff das MDLVIII. Jar. in-fol.
1 Bl. mit Abbildung einer Kirchweih.
Im Besitze der antiquar. Gesellschaft in Zürich.
489. Lassbüchlin sampt der Schrybtafel, Mässen vnd Jarmarckten, vffs Jar MDLVIII. in-16.
32 Bll. Titel und letztes Bl. mit Holzschnitt.
490. Der Psalter .grundtlich vnd eigentlich verteutschet vnd mit neuwen Summarien erkläret, sampt einer kurtzen ausslegung der fürnemsten puncten vnd besonderer worten vnd arten zereden durch Rudolffen Walther. 1558. in-8.
491. Walther, Rud., Der Christen Spiegel. Von der Christen nammen, wohär der selbig entsprungen, vnd was er bedüte: dessglychen welches waare Christen vnd was die selbigen Gott vnd den menschen ze thun vnd ze leisten schuldig syend. Alles in zweyen Predginen begriffen vnd beschriben. Ohne Ort u. Jahr. (1558.) in-8.
60 unges. Blätter.

1559.

492. Testamentum Novum græce latine jam olim a vet. int. nunc denuo a Th Beza versum cum ejusdem annotationibus. 1559. in-folio.

493. Novi Testamenti æditio postrema, per D. Erasmum Rot. Omnia picturis illustratum. Accedunt capp. argumenta eleg. carm. R. Gualtero authore conscripta. 1559. in-8.

494. Ammann, Jo. Jacobus (Ammianus), Rudimenta artium dialecticæ et rhetoricæ, in minoribus scholis iuuentuti Tigurinæ confecta. 1559. in-8.

495. Bullinger, H., Catechesis pro adultioribus scripta, de his potissimum capitibus. De principiis religionis christianæ, scriptura sancta. De Deo uero, uiuo, et æterno. De fœdere Dei et uero Dei cultu. De lege Dei et decalogo mandatorum domini. De fide christiana et symbolo Apostolico. De Inuocatione Dei et oratione dominica, et de Sacramentis ecclesiæ Christi. 1559. in-8.

496. Bullinger, H., Compendium Christianæ religionis, decem libris comprehensum, nunc primum e Germanica lingua in Latinam conuersum. 1559. in-8.

497. Bullinger, H., Conciones XXXXIV in Jeremiæ Capp. XIV-XXX et narratt. hist. V, epistolam vero unam. 1559. in-8.

498. Bullinger, H., Bericht wie die, so von wegen des heyligen Evangeliums versucht werdend, antworten mögind. 1559. in-8.

499. Bullinger, H., Das jüngste Gericht, vss dem Euangelio Matthei am 25. capitel mit zweyen Predigen vssgelegt. 1559. in-kl.-8.
Titel und 50 unges. Blätter.

500. Cato cum scholiis D. Erasmi Roterod. Apophthegmata sapientum. Mimi Publiani Institutum hominis Christiani. Isocratis Parænesis. 1559. in-8.

501. Ceporinus, Jacobus, Compendium grammaticæ græcæ, ex postrema autoris editione cura Jo. Frisii. 1559. in-8.

502. Ciceronis Epistolarum familiarium libri XVI ex Christoph. Longolii oratoris castigationibus recogniti cum annotationibus Melanchthonis et aliorum. 1559. in-8.

503. Crepundia christianæ juuentutis. 1559. in-8.
Mit Titelholzschnitt.

504. De tropis et figuris libellus, ad utilitatem scholæ Tigurinæ confectus. 1559. in-8.

505. Elementale linguæ græcæ. 1559. in-8.

506. Horther, Johannes, Elementale latinæ linguæ cum brevi nomenclatura latino-germanica. 1559. in-8.

507. Herther, Joh., Isagoge grammaticæ latinæ pro classe II scholæ Tigurinæ. 1559. in-8.

508. Lassbüchlin sampt der Schrybtafel, Müssen vnd Jarmarckten, vffs Jar MDLIX. in-16.
32 Blätter.

509. Martyr, Petrus Vermilius, Defensio doctrinæ veteris de sacrosancto eucharistiæ sacramento in IV distincta partes, adversus Stephani Gardineri librum. (1559.) in-fol.

510. Methodus nomina et verba flectendi latino-germanica. 1559. in-8.

511. Pœmata Vergilii, Tibulli, Ouidij, pro tertia classe scholæ Tigurinæ. 1559. in-8.

512. Stobæi, Joannis, collectanea sententiarum siue locorum communium ex innumeris et uetustissimis Græcis authoribus (cum aliis quibusdam opusculis) græco et latine, Conrado Gesnero interprete. Omnia multoque ante castigatiora et locupletatiora. 1559. in-folio.

513. Simler, Josias, De principiis astronomiæ libri II. 1559. in-8.

514. Susenbroti grammaticæ artis institutio ex grammaticorum coryphæis jam denuo accurate concinnata et locupletata. 1559. in-8.

515. Walther, Rudolf, Passion. History des Lydens vnd Tods vnsers Herrn Jesu Christi, in zwo Predigen vsagelegt. 1559. in-8.

516. Walther, Rudolf, Das Vatter vnser. Vom Gebätt der Christglöubigen, was das selbig sye, wie sich der mensch darzu bereiten vnd darinnen halten sölle, sampt einer vsslegung des Gebätts, das vns der Herr Jesus Christus geleert hat. Alles geprediget vnd beschriben durch R. W. 1559. in-8.

517. Werdmüller, Otho, Summa fidei. Paraphrasis decalogi, symboli apostolici etc. Ex germanica in latinam linguam translata ab Anonymo. 1559. in-8.

1560.

518. Die gantze Bibel der vrsprüuglichen Hebreischen vnd Griechischen Warheit nach, auffs treuwlichest verteütschet. Darzu ein volkomner Zeiger über die gantze Bibel. 1560. in-fol.
Mit Holzschnitten.

519. Bibel Teütsch, Das ist alle bücher alts vnd neuws Testaments — — — verteütschet. 1560. in-8. (*oder* 4.)

520. Acsopi Phrygis et aliorum fabulæ. Latine. Accod. Abstomii Hecatomythion etc. cum Poggii facetiis. Addita sunt J. F. Quintiani Disticha in fabulas Ovidii Met. (1560. ?) in-8.

521. Bullinger, H., Institutio eorum qui propter Dominum nostrum Jesum Christum de fide examinantur, et uariis quæstionibus tentantur, in Latinum conversa per Jos. Simlerum. 1560. in-8.

522. Bullinger, H., adversus anabaptistas libri VI, nunc primum e germanica sermone in latinam conversi, per Jos. Simler. 1560. in-8.
261 Bll. v. 11 Bll. Index.

523. Bullinger, H., Der Widertöufferen Vrsprung, fürgang, Secten, wäsen, fürneme vnd gemeine irer leer Artickel, ouch ire Gründ vnd warum sy sich absunderind, vnd ein eigne Kirche anrichtind, mit Widerlegung vnd Antwort vff alle vnd yede ire Gründ vnd Artickel. 1560. in-4.
356 Blätter u. Register.

524. Ceporinus, Jac., Compendium grammaticæ græcæ, opera Jo. Frisii castig. et auct. 1560. in-8.

525. Cicero, De officiis, de amicitia, senectute, paradoxa et somnio Scipionis, cum annotationibus doctissimorum virorum, et novis quibusdam. 1560. in-8.

526. Gesner, Conrad, Icones animalium quadrupedum et oviparorum quæ in historiæ animalium Conr. Gesneri libro I et II describuntur. Editio II. 1560. in-fol.

527. Gesner, Conrad, Icones avium omnium. Editio secunda, novis aliquot iconibus aucta. 1560. in-fol.

528. Gesner, Conrad, Icones animalium, in mari et dulcibus aquis degentium. 1560. in-fol.

529. Lassbüchlin sampt der Schrybtafel, Mässen vnd Jarmarckten, vffs Jar MDLX. in-16.
32 Blätter.

530. Murer, Josias. Belägerung der Statt Babylon inn Chaldea, vnder Baltazar dem Künig daselbst. Spylswyss beschriben vss den Propheten Esaia, Jeremia vnd Daniele, durch Joos Murer zu Zürych. MDLIX. Am Ende: Getruckt zu Zürych by Christoffel Froschouer im 1560. jar. in-8.
15 Bogen. Vgl. Weller, Annalen. II. p. 362. Katalog der Stadt-Bibliothek in Zürich. III. pag. 319.

531. Susenbroti, Joannis, Methodus VIII partium orationis, una cum formulis declinandi nomina ac conjugandi verba et canonibus diversis. 1560. in-8.

532. Susenbroti, Joannis, Epitome troporum et schematum. 1560. in-8.

533. Walther, Rudolf, Die Vferstentnuss. Von der Vferstentnuss vnsers Herrn Jesu Christi etc. Item von der Christen Osterfest, dry Predginen. 1560. in-8.

534. Wolff, Johannes, Künig Davids Wyssagung vom Rych Messiæ, im CIX. Psalm. 1560. in-8.

1561.

535. Bibel Teutsch, das ist alle bücher Alts vnd neuws Testaments auffs treüwlichest verteütschet. Darzu sind yetzund kommen ein schön vnd volkomen Register etc. 1561. in-4.

536. Das gantz Neuw Testament, recht grundtlich verteütschet. 1561. in-8.
XXV und 398 Blätter.

537. Blaurer, Ambrosius. Der geistlich Schatz Christenlicher Vorbereitung vnd glöubigs Trosts wider Tod vnd Sterben, geprediget von Ambrosius Blaurer. 1561. in-8.

538. Bullinger, H., Catechesis pro adultioribus scripta, de his potissimum capitibus. 1561. in-8.

539. Bullinger, H., De Conciliis: quomodo Apostoli Christi Domini in primitiua Ecclesia suum illud Hierosolymis Concilium celebrauerint, et quanto cum fructu, quantaque pace: quomodo item Romani pontifices in extrema mundi senecta, a quingentis

et amplius annis, sua illa Concilia celebrauerint, et quanto cum damno perturbationeque fidelium, Breuis ex historiis commemoratio, et in 2 distincta libros. 1561. in-8.
189 Blätter.

540. Bullinger, H., In sermones et historicas expositiones Jeremiæ (a capite XXX usque ad finem operis) conciones LXXIV. 1561. in-8.

541. Bullinger, H., Threnorum seu lamentationum Jeremiæ explicatio. 1561. in-8.

542. Bullinger, H., Tractatio verborum Domini, in domo patris mei mansiones multæ sunt etc. ex XIV cap. evang. sec. Joannem. 1561. in-8.

543. Bullinger, H., Von den Conciliis, wie von den Apostlen vnsers Herren Christi, in der allerersten kirchen ein Concilium zu Hierusalem gehalten, vnd mit was grosser frucht vnd fridens sömlichs beschähen sye; Durgägen wie in den letsten zyten der wält, von 500 jaren här, vnd noch vil länger, die Römischen Bäpst jre Concilien gehalten habind, vnd mit was grossen schaden vnd verwirrung der glöubigen sömlichs vollbracht sye, verzeichnet vss den historien. im horrnung. 1561. in-8.
168 ges. Blätter.

544. — — *Dasselbe:* im höwmonat 1561. in-8.

545. Bullinger, H., Gägenbericht vff den Bericht herrn Johansen Brentzen von dem Himmel vnd der Gerüchten Gottes. 1561. in-8.

546. Bullinger, H., Von dem Himmel vnd der Grächten Gottes. Aus dem Latin vertütschet durch Lud. Lavater. 1561. in-8.

547. Bullinger, H., Der Widertöufferen vrsprung, fürgang, Secten, leer Artickel u. s. w. abgeteylt in VI Bücher. 1561. in-4.
331 Blätter.

548. Catonis Disticha moralia cum scholijs Des. Erasmi Roterodami. Apophthegmata sapientium. Mimi Publiani. Institutum hominis Christiani. Isocratis parænesis. Adiecta Germanica interpretatione Joannis Frisij. 1561. in-8.

549. Donatus, Aelius, Methodus scholiis Henr. Glareani illustrata, ac VIII orationis ejusdem tractatibus aucta. 1561. in-8.

550. Donatus, de octo orationis partibus, cum scholijs Heinrychi Glareani et octo tractatibus per eundem auctus. 1561. in-8.

551. Epistolæ duæ ad ecclesias Polonicas, scriptæ a Tigurinæ ecclesiæ ministris. 1561. in-8.

552. Gualtheri, Rod., In Hoseam prophetam homiliæ 47. 1561. in-8.

553. Gualtheri, Rod., In Jœlem prophetam homiliæ 14. 1561. in-8.

554. Gualtherus, Rod., In Evangelium secundum Marcum homiliæ CXXXIX. 1561. in-fol.

555. Gualtherus, Rod., De syllabarum et carminum ratione libri duo. 1561. in-8.

556. Honteri, Joannis, Rudimenta cosmographica carmine, cum tabulis elegantissimis. Quæ etiam seorsim excusæ uæneunt. 1561. in-8.

557. Lassbüchlin sampt der Schrybtafel, Müssen vnd Jarmarckten vffs Jar MDLXI. in-12.
32 Blätter.

558. Maaler, Johann, (Pictorius), Die Teutsch spraach. Alle wörter, namen vn arten zu reden in hochteutscher spraach, dem ABC nach ordenlich gestellt, vnd mit gutem Latein gantz fleissig vnd eigentlich vertolmetscht, derglychen bishär nie gesähen. Dictionarium germanico latinum novum a Joanne Pictorio — — — — confectum et editum. 1561. in-8 max.
536 Blätter.

559. Martyr, P. Vermilius, dialogus de utraque in Christo natura. Respondetur benigne ad argumenta doctorum virorum contrarium asserentium. Illustratur et Cœnæ Dominicæ negotium perspicuisque et Scripturæ et Patrum testimoniis demonstratur Corpus Christi non esse ubique. 1561. in-8.

560. Martyr, Petrus Vermilius, Epistolæ duæ ad ecclesias Polonicas Jesu Christi Evangelium amplexas scriptæ a Tigurinæ ecclesiæ ministris, de negotio Stancariano, et mediatore Dei et hominum Jesu Christo, an sic secundum humanam naturam duntaxat, an secundum utranque mediator sit. 1561. in-8.

561. Martyr, Petrus Vermilius, In librum Judicum commentarii doctissimi cum tractatione perutili rerum et locorum. 1561. in-fol.

562. Odenbach, Johann, Predicant zu Moscheln vnder Landsperg, Ein Trostbüchle für die sterbenden, vss heiliger göttlicher geschrifft vff das kürtzest vnd trostlichest zugericht. 1561. in-8.
24 ges. Blätter.

563. Passion, Dess Lydens vnd Vrstende vnsers herren Jesu Christi gschicht. 1561. in-8.

564. Schmid, Joh., Trostbüchle, genommen vss dem andern Capitel dess Propheten Habakuks, vnd gestelt vff allerley widerwertigkeit vnnd trübsal. Durch Johansen Schmid, Diener der Kilchen zu Chur in Pündten. 1561. in-8.
11 gez. Blatter.

565. Terentii Aphri comœdiœ sex, secundum Jo. Rivii correctiones et emendatissima exemplaria excusæ, cum annotationibus doctissimorum virorum. 1561. in-8.

566. Vergilii Maronis Pœmata quæ extant omnia, D. Phil. Melanchthonis scholiis illustrata. Adiectis figuris egregie de pictis. 1561. in-8.

567. Vergilii Maronis pœmata quæ extant omnia, ita ordonata, ut iustis uersuum spatiis, et ampla margine, studiosæ iuuentuti ad excipiendum sint accommodatissima. 1561. in-4.

568. Wolff, Johannes, St. Peters gloub, geprediget. 1561. in-8.

569. Zuinglius, Huldricus, Quo pacto ingenui adolescentes formandi sint præceptiones pauculæ. 1561. in-8.

1562.

570. Bullinger, H., Responsio qua ostenditur sententiam de cœlo et dextera Dei, adversaria D. Joan. Brentii sententia non esse eversam. 1562. in-8.

571. Bullinger, H., sermonum decades quinque, de potissimis christianæ religionis capitibus, in tres tomos digestæ. 1562. in-fol.

572. Frisius, Joannes, Principia Latine loquendi scribendique sive selecta quædam ex Ciceronis epistolis, ad pueros in Latina lingua exercendos, adjecta interpretatione Germanica et (ubi opus esse uisum est) Latina declaratione. 1562. in-8.

573. Gesner, Conrad, De libris a se editis epistola ad Guillelmum Turnerum. 1562. in-8.

574. Gualtherus, Rod., In Acta Apostolorum per Lucam descripta, homiliæ CLXXIV. 1562. in-fol.

575. Walther, Rudolf, Von der knächtschafft der sünd vnd fryheit der glöubigen in Jesu Christo. Ein predig vss dem VI. capitel der Epistel Pauli zu den Römern. 1562. in-8.

576. Walther, Rudolf, Der Prophet Joel geprediget vnd vssgelegt. 1562. in-8.

577. Haberer, Herman. Ein gar schön Spyl von dem glöubigen vatter Abraham, wie Gott mit jm, vnd er vss sim befelch ghandlet. Von einer Burgerschafft zu Läntzburg im Ergöuw vff den 29. Mayens gespilt, vnnd nüwlich vssgangen. 1562. in-8.
83 Blätter.

578. Hesiodus. Pœma inscriptum 'Εργα καὶ ἡμέραι, i. e. Opera et dies. Græce. Accedunt scholia Jacobi Ceporini, per Jo. Frisium aucta. Lat. interpret. Jo. Frisii. 1562. in-8.

579. Index librorum quos Christophorus Froschouerus hactenus typis suis excudit: ita digestus ut libros singulos bini fere numeri sequantur, quorum prior annum Domini, alter libri formam notat. 1562. in-8.
8 ungez. Blätter.

580. Lassbüchlin sampt der Schrybtafel, Mässen vnd Jarmarckten vffs Jar MDLXII. in-16.
32 Blätter.

581. Lavater, Ludovicus, In librum Proverbiorum Salomonis commentarii. 1562. in-4.

582. Schmid, Joh. Der Christen Gloub. Grundtliche vnnd klare vsslegung vnser dess waren vralten vngezwyfleten Christenlichen gloubens. Geprediget zu Ylantz vff offnem Pundtstag den 22 vnd 23 Octobers des 1561. Jars. Vnd volgends auch beschriben durch Johansen Schmid Dienern der kirchen zu Chur in Pündten. 1562. in-8.
58 gez. Bll. u. 1 ungez. Bl. m. d. Druckerzeichen F.'s.

583. Sulpitii Verulami, J., carmen de moribus et civilitate puerorum, Jo. Frisio interprete. s. a. (1562.) in-8.

584. Wolphius, Joannes, De officio præconis evangelici oratio. 1562. in-kl.-8.
26 Blätter.

1563.

585. Novi Testamenti aeditio postrema, per D. Erasmum Rot. Omnia picturis illustrata. Accedunt capitum argumenta eleg. carm. R. Gualtero authore conscripta. 1563. in-8.

586. Bullinger, H., catechesis pro adultioribus scripta, de his potissimum' capitibus. De principiis religionis christianæ etc. 1563. in-8.
Titel, Vorrede und 69 Blätter.

587. Bullinger, H., fundamentum firmum, cui tuto fidelis quivis inniti potest, hoc præsertim difficili seculo, quo dissidiis doctorumque adversariis scriptis omnia conturbata sunt, positum ad institutionem et consolationem simplicium. 1563. in-8.
163 Blätter.

588. Bullinger, H., Vester Grund, vff den ein yetlicher Gloubiger buwen mag. 1563. in-8.

589. Der kürtzer Catechismus. Von den Dienern des Worts zu Zürych gestellt in Fragenswyss. Mit Vorred von Leo Jud. 1563. in-12.

590. Gessner, Conrad, Thierbuch. Durch C. Forer aus dem Latin ins Teutsch gebracht. 1563. in-fol.
Mit Holzschnitten.

591. Gessner, Conrad, Fischbuch. Durch C. Forer aus dem Latin ins Teutsch gebracht. 1563. in-fol.
Mit Holzschnitten.

592. Gualtherus, Rod., In prophetas XII minores homiliæ. Accedit chronologia etc. 1563. in-fol.

593. Kinder Zucht. Von guten züchtigen vnd zierlichen sitten, gebärden, vnd wandel, in ston vnd gon, in reden vnd hören, zu tisch, by eeren lüten, daheim vnd dauss, vast notwendig jungen lüten sich darinn zu üben vnd zu lernen, ein vast nutzlich büchlin. 1563. in-8.

594. Lassbüchlin sampt der Schrybtafel, Mässen vnd Jarmarckten, vffs Jar MDLXIII. in-16.
32 Blätter.

595. Lavater, Ludovicus, Historia de origine et progressu controversiæ sacramentariæ de coena Domini ab anno 1524 usque ad annum 1563 deducta. 1563. in-4.

596. Martyr, Petrus Vermilius, Dialogus de utraque in Christo natura. 1563. in-8.
597. Martyr, Petrus Vermilius, In I. II. et initium III. libri Ethicorum Aristotelis ad Nicomachum commentarius. 1563. in-4.
598. Christenliche ordnung vnnd brüch der kilchen Zürich. 1563. in-4.
599. Simler, Jos., oratio de vita et obitu clariss. viri et præstant. theologi D. Petri Martyris Vermilii diuinarum literarum professoris in schola Tigurina, habita ibidem. Item scripta quædam D. Petri Martyris de eucharistia, nunquam antehac edita. Accedunt carmina in ejusdem obitum conscripta. 1563. in-4.
19 Blätter.
600. Simler, Josias, responsio maledicum Francisci Stancari Mantuani librum aduersus Tigurinæ ecclesiæ ministros, de trinitate et mediatore Jesu Christo. 1563. in-8.
VIII und 48 Blätter, das letzte leer.
601. Wolff, Johannes, Der Christen Sabath. Predigt. 1563. in-8.

1564.

602. Bibliorum codex sacer et authenticus, Testamenti utriusque Veteris et Novi, ex Hebræa et Græca veritate, quam proxime ad literam quidem fieri potuit, fidelissime translatus in linguam latinam. Tiguri, Chr. Frosch. junior, 1564. in-4.
603. Bullinger, H., festorum dierum Christi sermones ecclesiasticæ. 1564. in-fol.
604. Bullinger, H., Repetitio et dilucidior explicatio consensus veteris orthodoxæ catholicæque ecclesiæ. 1564. in-8.
605. Bullinger, H., Bericht der krancken. Bericht von der Vferstentnuss vnnd himmelfart. 1564. in-8.
606. Bullinger, H., Von rächter hilff vnd errettung in nöten. Ein predig. 1564. in-8.
607. Gualtheri, Rod., in Evangelium secundum Marcum homiliæ CXXXIX. 1564. in-folio.
608. Hyperius, Andr., Topica theologica. 1564. in-8.
609. Kollross, Johann, Enchiridion d. i. Handbüchlein Tütscher Orthography. 1564. in-8

610. Lassbüchlin sampt der Schrybtafel, Müssen vnd Jarmarckten vffs Jar MDLXIV. in-16.
32 Blätter.

611. Lavater, Ludwig, Historia oder Geschicht von dem vrsprung vnd fürgang der grossen zwyspaltung zwüschend Martin Luthern vnd Huldrychen Zwinglio. Aus dem Latin verdolmätschet. 1564. in-8.

612. Lavater, Ludwig, Von der Pestilentz. Zwo Predginen, die ein vom vrsprung der Pestilentz, die ander des seligen Bischoffs vnd martyrers Cypriani. 1564. in-8.

613. Martyr, Petrus Vermilius, In duos libros Samuelis qui vulgo priores libri Regum appellantur commentarii. 1564. in-fol.

614. Martyr, Petrus Vermilius. Præces sacræ ex psalmis Davidis desumptæ. 1564. in-12.
Herausgegeben von Jos. Simler.

615. Der Puren Kalender gestellt vff das MDLXIIII. Jar. in-fol.
1 Bl. Beginnt: „Hüt sich vor mir ein yetlichs kind, Welchs bossheit treybt, das ichs nit find."

Der Kindlifrüsser bin ich genannt u. s. w.

Folgt Abbildung.
Im Besitze d. antiquar. Gesellschaft in Zürich.

616. Vergilii Maronis opera. Phil. Melanchthonis et aliorum doctiss. virorum scholiis, annotationibus et nouis argumentis illustrata. (Edid. Joh. Frisius.) 1564. in-8.
VIII u. 740 Seiten und 10 Bll. Index. Mit Holzschnitten.

1565.

617. Bibel, die gantze, d. i. Alle Bücher Alts u. Neuws Testaments, etc. Darzu ein Zeiger über die gantze Bibel. 1565. in-fol.
Mit Holzschnitten.

618. Das gantz Neuw Testament recht grundtlich verteütschet. Hiezu komen Summarien u. s. w. 1565. in-8.

619. Bullinger, H., Daniel expositus homiliis LXVI. Accessit epitome temporum et rerum ab orbe condito ad excidium usque ultimum urbis Hierosolymorum, sub imperio Vespasiano. 1565. 2 tomi in-fol.

620. Gualtheri, Rod., in Evangelium secundum Joannem homiliæ CLXXX. 1565. in-fol.

621. Lassbüchlin sampt der Schrybtafel, Mässen vnd Jarmarckten, vffs Jar MDLXV. in-16.
32 Blätter.

622. Lavater, Ludovicus, In librum Josue homiliæ LXIII. 1565. in-4.

623. Murer, Josias. Absolom. Ein Spyl von einer jungen Burgerschafft zu Zürych zu vssgendem Augsten, gespillt: wie nach vielen übelthaaten Absolom, ouch sinen vatter künig Dauiden, vss sinem Rych vertreib, vnd zu letst, zur Straff ein schlacht verlor, an einer eych erhangt, vnd ertödet ward. Genomen vss dem II. buch Samuels, vnd gemacht durch Josen Murer Zürych. 1565. in-8.
71 s Bogen. Vgl. Weller, Annalen. II. p. 363.

624. Viaticum novum. De omnium fere particularium morborum curatione liber authoris innominati, editus per C. Wolphium. 1565. in-8.

1566.

625. Novum Testamentum græcum. Cum lect. varr. 1566. in-8.

626. Novum Testamentum per D. Erasmum recognitum. 1566. in-12.

627. Bekanntnuss dess waren Gloubens vnnd einfalte erlüterung der rächten allgemeinen Leer vnd houptarticklen der reinen Christen- lichen Religion, von den Dienern der kyrchen Christi in der Eydtgnoschafft u. s. w. 1566. in-kl.4.
Von Heinr. Bullinger.

628. Confessio et expositio simplex orthodoxæ fidei, et dogmatum Catholicorum synceræ religionis Christianæ concorditer ab Ecclesiæ Christi ministris qui sunt in Helvetia etc. 1566. in-4.

629. Gualtheri, Rod., in prophetas XII minores homiliæ. Editio II. 1566. in-folio.

630. Gualther, Rod., in D. Pauli apostoli epistolam ad Romanos homiliæ XCVI. 1566. in-fol.

631. Lassbüchlin sampt der Schrybtafel, Mässen vnd Jarmarckten, vffs Jar MDLXVI. in-16.
32 Blätter.

632. Martyr, Petrus Vermilius, Præces sacræ ex psalmis Davidis desumptæ. 1566. in-12.
Hsgyh. von Jos. Simler.

633. Melachim id est Regum libri duo posteriores cum commentariis Petri Martyris Vermilii et Joannis Wolphii. 1566. in-fol.

634. Murer, Jos., eigentliche Verzeichnung der Städten, Grafschaften und Herrschafften, welche in der Stadt Zürich Gebiet vnd Landschafft gehörig sind. 1566. Roy.-folio.
1 Blatt.

635. Der Puren Kalender gestellt vff das MDLXVI. Jar. in-fol.
1 Bl., mit Bild über das Schluraffenleben.

Darüber die Verse:
Kumpt har jr liebhaber dess Lands
Lugend als in ein spiegel gantz
Ob derglych land sey vff erden u. s. w.
Im Besitz der antiquar. Gesellschaft in Zürich.

636. Simler, Josias, vita clariss. philos. et medici excellentiss. Conradi Gesneri. Item epistola Gesneri de libris a se editis. Et carmina complura in obitum ejus conscripta. His accessit Casp. Wolphii Hyposchesis, siue, de Con. Gesneri stirpium historia ad Joan. Cratonem. 1566. in-4.
56 Bll. Mit Holzschnitten.

1567.

637. Blum, Hans. Von den fünff Sülen, grundtlicher bericht. (Neue Ausg.) 1567. in-folio.
Mit Holzschnitten.

638. Bullinger, H., Isaias propheta expositus homiliis CXC. Cum præfatione ad principem Philippum sen. Lantgrav. Hassiæ etc. 1567. in-fol.

639. Bullinger, H., sermonum decades quinque, de potissimis christianæ religionis capitibus. 1567. *5 tomi* in-fol.

640. Der kürtzer Catechismus. Von den Dienern des Worts zu Zürych gestellt in Fragenswyss. Mit Vorred von Leo Jud. 1567. in-12.

641. Lassbüchlin sampt der Schrybtafel, Mässen vnd Jarmarckten, vffs Jar MDLXVII. in-16.
32 Blätter.

642. Martyr, Petrus Vermilius, In Pauli epistolam I. ad Corinthios commentarii. Editio secunda. 1567. in-fol.

643. Vergilii Maronis opera. Phil. Melanchthonis et aliorum doctiss. virorum scholiis, annotaticnibus et novis argumentis illustrata. (Edid. Jo. Frisius.) 1567. in-8.

1568.

644. Bullinger, H., de origine erroris libri II, ab ipso autore nunc recogniti et aucti. Accedunt libri II de conciliis. 1568. in-fol.

645. Bullinger, H., Gägensatz vnd kurtzer begriff der Euangelischen vnd Bäpstischen leer. 1568. in-8.

646. Confessio et expositio simplex orthodoxæ fidei, et dogmatum Catholicorum synceræ religionis Christianæ, concorditer ab Ecclesiæ Christi ministris, qui sunt in Helvetia — — — edita etc. 1568. in-8.

647. Erasmus Roterod., De octo orationis partium constructione libellus, cum scholiis Henr. Primæi. 1568. in-8.

648. Frisius, Joa., Novum dictionariolum Latino-Germanicum et Germanico-Latinum. 1568. in-4.

649. Gualtherus, Rod., in Evangelium secundum Joannem homiliæ CLXXX. 1568. in-fol.

650. Lassbüchlin sampt der Schrybtafel, Mässen vnd Jarmarckten, vffs Jar MDLXVIII. in-16.
32 Blätter.

651. Simler, Josias, de æterno Dei filio domino et servatore nostro Jesu Christo, et de spiritu sancto, aduersus veteres et nouos Antitrinitarios. 1568. in-8.
336 Blätter.

1569.

652. Bullinger, H., compendium christianæ religionis. 1569. in-8.
653. Bullinger, H., Von der Bekerung dess menschen zu Gott vnd dem waaren Glouben, VI predigen. (1569.) in-8.
654. Catechismus oder Kinderbericht, für die Kirchen in der Statt vnd Landschafft Schaffhausen. 1569. in-8.
655. Evonymus, Philiator. (Conr. Gesnerus.) Thesaurus de remediis secretis. Pars II opera Casp. Wolphii in lucem editus. Accedit ejusdem de editione viatici novi ad titubantem A. Valetii iunioris linguam responsio. 1569. in-8.
656. Gualtherus, Rod., In Acta Apostolorum per Lucam descripta, homiliæ CLXXIV. 1569. in-fol.
657. Gualtherus, Rod., In Joannis apostoli et euangelistæ epistolam canonicam, homiliæ XXXVII. In ejusdem apostoli duas posteriores epistolas, homiliarum sylvæ. 1569. in-fol.
658. Gualther, Rod., de syllabarum et carminum ratione, libri II. 1569. in-8.
87 Blätter.
659. Kalender vff das MDLXIX. Jar. in-fol.
1 Bl. mit Bild über die Fabel von den Fröschen und ihrem König.
Darüber folgende Verse:
Vor tusend oder mer der jaren
Als d'Fröschen on ein herren waren u. s. w.
Im Besitz der antiquar. Gesellschaft in Zürich.
660. Kalender oder Laassbüchli sampt der Schrybtafel, Mässen vnd Jarmärckten vff das MDLXIX. Jar. in-4.
16 Blätter.
661. Martyr, Petrus Vermilius, In I. librum Mosis commentarii, cum vita ejusdem a Jos. Simlero descripta. 1569. in-8.

1570.

662. Die gantze Bibel, das ist alle Bücher Alts vnd Neuws Testaments verteütschet. 1570. in-gr.-4.

663. Das gantz neüw Testament recht grundtlich verteutschet. Hiezu sind kommen nuzliche vnd follkommene Summarien etc. 1570. in-8.

664. Gualtherus, Rod., In Evangelium secundum Marcum homiliæ CXXXIX. 1570. in-fol.

665. Gualtherus, Rod., In Euangelium secundum Lucam homiliæ CCXV. 1570. in-fol.

666. Kalender oder Laassbüchli sampt der Schrybtafel, Mässen vnd Jarmärckten, vff das MDLXX. Jar. in-4.
16 Blätter.

667. Christenliche ordnung vnnd brüch der kilchen Zürich. 1570. in-4.

668. Terentii comœdiæ sex, secundum Jo. Rivii correctiones excusæ. 1570. in-8.

669. Wolphius, Joannes, Commentariorum in Nehemiam libri III. 1570. in-folio.

1571.

670. Die gantze Bibel, Das ist alle bücher Alts vnd Neüws Testaments verteütschet. 1571. in-fol.
Ist der Ausgabe von 1536 sowohl im Format als in den Abbildungen und Register ganz gleich.

671. Antwort. Vff Herren Johannsen Brentzen Testament kurtzlich durch den truck wider die Zwinglianer vssgangen, der Dieneren der Kirchen zu Zürych kurtze notwendige vnd bescheidne Antwort, allen glöubigen zu vrtoilen fürgestellt. 1571. in-8.
43 ges. Blätter. Von Heinr. Bullinger.

672. Ad testamentum Joan. Brentii contra Zwinglianos responsio a ministris ecclesiæ Tigurinæ opposita. 1571. in-8.

673. Bullinger, H., de Scripturæ santæ præstantia, dignitate et excellentissima authoritate dissertatio. 1571. in-8.
76 Blätter.

674. Kalender oder Laassbüchli sampt der Schrybtafel, Mässen vnd Jarmärckten, vff das MDLXXI. Jar. in-4.
16 Blätter.

675. Lavater, Ludwig, Von thüwre vn hunger dry Predigen, vss dem 6. capitel dess anderen buchs Paralipomena oder der Chronick geprediget. 1571. in-8.
55 Blätter.

676. Melachim id est Regum libri duo posteriores cum commentariis Petri Martyris Vermilii et Joannis Wolphii. 1571. in-fol.

677. Scripta veterum latina de una persona et duabus naturis Jesu Christi, adversus Nestorium, Eutychen aliosque. Accedit brevis narratio controversiarum de persona et duabus naturis Christi, autore Josia Simlero. 1571. in-fol.

678. Walther, Rudolf, Die Menschwerdung dess waarenn ewigen vnd eingebornen Suns Gottes, erklärt in sechs Predigen. 1571. in-8.

1572.

679. Bullinger, H., Adhortatio ad omnes in ecclesia ministros ut contentiones mutuas deponant etc. in latinam linguam per Jos. Simlerum transcripta. 1572. in-8.

680. Bullinger, H., Gottsäliger vnd grundtlicher bericht von der hochheit, wirden, fürträffenlichen ansähen vnd vollkommenheit, heiliger göttlicher geschrifft, vnd jrem rechten gebrauch: auch dass sy häll vnd klar, leicht vnd verstendlich sey. 1572. in-8.

681. Bullinger, H., Vermanung an alle Diener des worts Gottes vnd der kyrchen Jesu Christi, dass sy jre spänn, die sy gegen andern habend vnd übend, hinlegen vnd in disen letsten verderbten gefaarlichen zyten, der wält einhällig allein vnd einfaltig den waaren glouben in Jesum Christum, vnd die besserung des läbens predigen wöllind. 1572. in-8.
40 gez. Blätter.

682. Bullinger, H., Von höchster Fröud vnd gröstem Leyd des künfftigen Jüngsten tags, vff welichen vnser herr Jesus Christus kommen wirt, zu richten die läbenden vnd todten, etc. 1572. in-8.
39 gez. Blätter.

683. Gualther, Rod., De incarnatione Jesu Christi homiliæ sex. 1572. in-8.
684. Gualther, Rod., in priorem D. Pauli ad Corinthios epistolam homiliæ. 1572. in-fol.
685. Gualther, Rod., in posteriorem D. Pauli ad Corinthios epistolam homiliæ. 1572. in-fol.
686. Haller, Joh., sententiæ. Ex decretis canonicis collectæ, et in certa capita digestæ. Ex quibus nullo negotio discas, quid sentias de plerisque in ecclesia hodie controuersis capitibus. 1572. in-8.
83 Blätter.
687. Haller, Joh., Psalmgebätt. (1572.) in-16.
688. Kalender oder Laassbüchli sampt der Schrybtafel, Mässen vnd Jarmärckten vff das MDLXXII. Jar. in-4.
16 Blätter.
689. Lavater, Ludovicus, In librum Proverbiorum Salomonis commentarii, locupletati et castigationibus editi. 1572. in-fol.

1573.

690. Bullinger, H., De persecutionibus ecclesiæ christianæ liber, ex germanica sermone in latinam conversus per Jos. Simlerum. 1573. in-8.
691. Bullinger, H., Veruolgung. Von der schweren, langwirigen veruolgung der heiligen christlichen Kirchen: ouch von den vrsachen der veruolgung vnd vermanung zur gedult vnd bestand, sampt erzellung der raach vnnd straaff Gottes wider die veruolger. 1573. in-8.
116 Blätter.
692. Gualther, Rod., in Euangelium secundum Lucam homiliæ CCXV. 1573. in-fol.
693. Walther, Rudolf, Die zügnuss so S. Johannes der Töuffer von vnserm herren vnd einigen heyland Jesu Christo gäben hat, gepredigct vnd vssgelegt. 1573. in-6.
694. Kalender oder Laassbüchli sampt der Schreybtafel, Müssen vnd Jarmarckten vff das MDLXXIII. Jar. in-4.
16 Blätter.
695. Lavater, Ludovicus, In libros Paralipomenon s. Chronicorum commentarius. 1573. in-fol.

1574.

696. Das gantz neüw Testament recht grundtlich verteütschet. Hiezu sind kommen nuzliche vnd volkommene Summarien u. s. w. 1574. in-8.

697. Bullinger. Vff siben Klagartickel, so diser zyt mit grosser vngestüme, vnwarheit vnd vnbescheidenheit, von etlichen vnruwigen Scribenten, geklagt werdend, wider die Christenlichen diener vnd Kyrchen, die sy Zwinglisch schältend, Heinrychen Bullingers, der Kyrchen Zürych dieners, kurtze, waarhaffte, nodtwendige vnd bescheidne verantwortung. 1574. in-8.
55 yes. Bll. u. 1 leeres Blatt.

698. Bullinger, H., zwo Predigen über den 130. ouch 133. Psalmen Dauids, disor angefochtnen, betrübten, zwyträchtigen vnd vnrūwigen wält trostlich zu lüsen. 1574. in-kl.-8.
32 Blätter.

699. Frisius, Joa., Dictionarium Latino-Germanicum. Editio postrema, aucta. 1574. in-fol.

700. Gesner, Conrad, Bibliotheca in epitomen redacta, locupletata et recognita per Josiam Simlerum. 1574. in-fol.

701. Kalender oder Laassbüchli sampt der Schreybtafel, Mässen vnd Jarmarckten, vff das MDLXXIV. Jar. in-4.
16 Blätter.

702. Simler, Josias, De vera Jesu Christi secundum humanam naturam in his terris praesentia, orthodoxa expositio. 1574. in-8.

703. Simler, Jos., Vallesiae descriptionis libri duo. De Alpibus commentarius. Accessit his appendix descriptionis Vallesiae. 1574. in-8.
VIII und 132 Blätter.

704. Stumpff, Joh., XIII Landtafflenn, auss der Chronica genomen vnd zusamen getruckt. 1574. in-fol.

705. Walther, Rud., Von der Beschnydung, zwo Predigen. 1574. in-8.

1575.

706. Testamentum Novum, per D. Erasmum noviter recognitum. 1575. in-8.

708. Bullinger, H., Ad septem accusationis capita etc. responsio. E germanica in latinam sermonem conversa a Jos. Simlero. 1575. in-8.

709. Bullinger, H., Jeremias propheta expositus concionibus CLXX. Accedit brevis Threnorum explicatio. 1575. in-fol.

710. Bullinger, H., ministrorum Tigurinæ ecclesiæ, ad confutationem J. Andreæ, pro defensione Brentiani Testamenti œditum, apologia. 1575. in-8.

711. Bullinger, H., Antwort der Dieneren der Kyrchen zu Zürych vff D. Jacob Anderesen, zugenampt Schmidly, Widerlegen, mit welcher er vnderstanden, jre Antwort vff H. Johann Brentzen Testament gäben, zu widerwysen vnd zu uerwerffen. 1575. in-8.
2 Theile, deren erster Titel, Vorrede und 152 Blätter und zweiter 44 Blätter enthält.

712. Gessner, Conrad, Fischbuch. Durch C. Forer aus dem Latin ins Teutsch gebracht. 1575. in-fol.
Mit Holzschnitten.

713. Gualther, Rod., De syllabarum et carminum ratione libri II. 1575. in-8.

714. Gualther, Rod., in Evangelium secundum Joannem homiliæ CLXXX. 1575. in-fol.

715. Kalender oder Laassbüchli sampt der Schreybtafel, Mässen vnd Jarmärckten, vff das MDLXXV. Jar. in-4.
16 Blätter.

716. Martyr, Petrus Vermilius, Dialogus de utraque in Christo natura. 1575. in-8.

717. Martyr, Petrus Vermilius, In duos libros Samuelis qui vulgo priores libri Regum appellantur commentarii. 1575. in-fol.

718. Simler, Josias, Assertio orthodoxæ doctrinæ de duabus naturis Christi, opposita blasphemiis Simonis Budnæi. 1575. in-8.

719. Simler, Jos. Narratio de ortu, vita et obitu Henr. Bullingeri, inserta mentione præcipuarum rerum quæ in ecclesiis Helvetiæ contigerunt et appendice addita, qua postrema responsio Jacobi Andreæ confutatur, autore Josia Simlero Tigurino, accessere

carmina a viris bonis et doctis in ejusdem obitum scripta.
Item oratio funebris autore D. Joanne Guilielmo Stuckio.
1575. in-4.
84 und 24 Blätter.

720. Stuckius, Jo. Guil., Oratio funebris in obitum Henrici Bullingeri. 1575. in-4.

1576.

721. Bullinger, H., Daniel expositus homiliis LXVI. Accessit epitome temporum et rerum ab orbe condito ad excidium usque ultimum urbis Hierosolymorum, sub imperio Vespasiano. 1576. in-folio.

722. Bullinger, H., Summa Christenlicher Religion. 1576. in-8.
184 Blätter.

723. Gualtherus, Rod., Argo Tigurina. Elegia. 1576. in-4.

724. Gualther, Rod., in Pauli apostoli epistolam ad Galatas homiliae LXI. 1576. in-fol.

725. Gualtherus, Rod., In Joannis Parkhursti episcopi Nordovicensis obitum epicedia. 1576. in-4.

726. Kalender vffs MDLXXVI. Jar. Am Schluss: Gestelt durch Joann. Joachim Butzlin, der Artznyen Doctor zu Vberlingen. Getruckt zu Zürych in der Froschouw, by Christoffel Froschouwer.
1 Blatt in folio. Mit Holzschnitten.

727. Kalender oder Lassbüchli sampt der Schreybtafel, Mässen vnd Jarmärckten, vffs das MDLXXVI. Jar. in-4.
16 Blätter.

728. Lavater, Ludwig, Vom läben und tod dess Eerwirdigen Heinrychen Bullingers, kurtze einfalte vnd warhaffte erzellung. Darzu ist kommen die widerlegung Jos. Simlers vff Jacob Andresen zugenannt Schmidlins, erdichte schmaachreden in sinem büchlin die Abfertigung genannt. 1576. in-8.
55 gez. Blätter.

729. Murer, Jos., Der vralten wytbekannten Stadt Zürych gestalt vnd gelägenheit, wie sy zu dieser zyt in wäsen. 1576. Roy.-folio.
1 Blatt.

730. Simler, Josias, De republica Helvetiorum libri duo. 1576. in-8.

731. Simler, Joseph, Regiment gemeiner loblicher Eydtgnoschafft. 1576. in-8.

1577.

732. Bullinger, H., sermonum decades quinque, de potissimis christianae religionis capitibus. 1577. 5 tomi in-fol.

733. Gessner, Conrad, De Aconito primo Dioscoridis asseveratio; et ejusdem de Oxymelitis ellaborati utriusque descriptione et usu libellus. Omnia per Casp. Wolphium in lucem data. 1577. in-4.

734. Gessner, Conr., Epistolarum medicinalium libri III. Accedit ejusdem Aconiti primi Dioscoridis asseveratio etc. Omnia nunc primum per Casp. Wolphium in lucem data. 1577. in-8.

735. Gualtherus, Rod., In Evangelium secundum Marcum homiliæ CXXXIX. 1577. in-fol.

736. Walther, Rud., von Versuchung vnd anfächtungen. Nün Predigen über die history vnsers Herrn Jesu Christi, wie der vom Teufel versucht worden vnd denselben vns zum trost überwunden hat. 1577. in-8.
200 Blätter.

737. Kalender oder Lassbüchli sampt der Schreybtafel, Mässen vnd Jarmärckten, vff das MDLXXVII. Jar. in-4.
16 Blätter.

738. Lavater, Ludwig. Dess gedultigen Joben Glauben vnnd Bekanntnuss, von der Vfferstentnuss von todten, vom Jüngsten tag vnd ewigen läben. Ein Predig vss dem 19. Capitel im Buch Job, durch Ludwigen Lavater zu Zürych gethan, vnnd volgents zum trost der glöubigen, in disen gefaarlichen zyten vnnd sterbenden löuffen beschriben. 1577. in-8.
31 gez. Blätter.

739. Lavater, Ludwig. Ein Trostpredig von Christenlicher Gedult in der veruolgung, auch anderem Crütz vnd Lyden, vss dem V. Capit. der Epistel dess heiligen Apostels Jacobi, durch Ludwig Lauater gethan, vnd volgents zum trost der glöubigen, in disen schwären widerwärtigen zyten beschriben. 1577. in-8.
32 gez. Blätter.

740. Simler, Jos., Regiment gemeiner loblicher Eydtgnoschafft. 1577. in-8.

741. Stuckius, Joa. Guil., Vita Josiæ Simleri. Item quædam in eius obitum carmina. 1577. in-4.

1578.

742. Consensus orthodoxus sive scripturæ et veteris Ecclesiæ de sententia et veritate verborum cœnæ Dominicæ. (Autore Christ. Herdesiano ?) 1578. in-fol.

743. Gualtheri, Rod., in Joannis apostoli et evangelistæ epistolam canonicam, homiliæ XXXVII. In ejusdem apostoli duas posteriores epistolas, homiliarum sylvæ. 1578. in-folio.

744. Walther, Rud., Von dem waaren Brot des Lübens: zehen Predigen. 1578. in-8.

745. Walther, Rud., Passion. History des Lydens vnd Tods vusers Herrn Jesu Christi, in zweyen Predigen vssgelegt. 1578. in-8.

746. Walther, Rud., Von der knächtschafft der sünd vnd fryheit der glöubigen in Jesu Christo. Ein predig vss dem VI. Capitel der Epistel Pauli zu den Römern. 1578. in-8.

747. Kalender oder Lassbüchli sampt der Schreybtafel, Müssen vnd Jarmärckten vff das MDLXXVIII. Jar. in-4.
16 Blätter.

748. Lavater, Lud., liber Ruth homiliis XXVIII expositus. 1578. in-8.

749. Lavator, Ludwig, Von Gespänsten vnghüren, fälen, vnd anderen wunderbaren Dingen, so merteils wenn die menschen sterben söllend, oder wenn sunst grosse sachen vnd enderungen vorhanden sind, beschähend, kurtzer vnd einfaltiger bericht. 1578. in-8.
139 Blätter.

750. Martyr, Petrus Vermilius, Præces sacræ ex psalmis Davidis desumptæ. 1578. in-12.
Herausgegeben von Jos. Simler.

751. Simler, Josias, De vera Jesu Christi secundum humanam naturam in his terris præsentia, orthodoxa expositio. Accedit responsio ad duas disputationes Andreæ Musculi. 1578. in-8.

752. Thalmannus, Bened., Assertio orthodoxæ doctrinæ de unitate personæ et distinctione duarum naturarum in Christo etc. 1578. in-8.

753. Viaticum novum. De omnium fere particularium morborum curatione liber authoris innominati, editus per C. Wolphium. 1578. in-8.

754. Wolphius, Joannes, De christiana perseverantia commentationes consolatoriæ. 1578. in-8.

1579.

755. Bullinger, H., Der Christlich Eestand. 1579. in-8.
103 ges. Blätter.

756. Gualtheri, Rod., in Euangelium secundum Lucam homiliae CCXV. Editio tertia. 1579. in-fol.

757. Hesiodus. Pœma inscriptum 'Εργα και ημέραι, i. e. Opera et dies. Græce. Accedunt scholia Jacobi Ceporini, per Jos. Frisium aucta. Lat. interpret. Jo. Frisii. Phil. Melanchthonis enarrationes. 1579. in-8.

758. Kalender oder Lassbüchli sampt der Schreybtafel, Mässen vnd Jarmärckten, vff das MDLXXIX. Jar. in-4.
16 Blätter.

759. Martyr, P. Vermilius, commentarii in Genesin. Access. octo postrema capita, Lud. Lavatero interprete. 1579. in-fol.

760. Psalmen vnd geistliche Lieder, welche in den Kirchen vnd Schulen der Statt Schaffhusen gesungen werdend. 1579. in-8.

761. Thalmannus, Bened., Exegema argumentorum quibus sana doctrina de vera participatione corporis et sanguinis Christi in sancta cœna — — — confirmatur. 1579. in-8.

762. Ulmer, Joh. Conrad, Eine Trostgeschrifft, für angefochtene vnd betrübte hertzen. 1579. in-8.

1580.

763. Bibel, die gantze, den vrsprünglichen sprachen nach auffs allertreuwlichest verteutschet. 1580. in-fol.
Mit Holzschnitten.

764. Der kürtzer Catechismus. Von den Dienern des Worts zu Zürych gestellt in Fragenswyss. Mit Vorrede von Leo Jud. 1580. in-16.

765. Catechismus oder Kinderbericht für die Kirchen vnd Gemeind Gottes in der Stadt Mülhausen, samt derselben Glaubens-Bekenntniss. 1580. in-8.

766. Gualther, Rod., in D. Pauli apostoli epistolam ad Romanos homiliae XCVI. 1580. in-fol.

767. Kalender oder Lassbüchli, sampt der Schreybtafel, Mässen vnd Jarmärckten, vff das MDLXXX. Jar. Am Ende: Gedruckt in der Froschouw, by Christoffel Froschauer. in-4.
16 Blätter.
768. Leemannus, Rodolphus, Psalterii paraphrasis poetica. 1580. in-12.
769. Martyr, Petrus Vermilius, Loci communes ex variis ejus scriptis collecti, et in IV classes distributi. Cum præfatione Rudolfi Gualtheri de usu et utilitate locorum communium. 1580. in-fol.

1581.

770. Das gantz Neuw Testament recht grundtlich verteütschet. 1581. in-4.
771. Der kürtzer Catechismus. Von den Dienern des Worts zu Zürych gestellt in Fragenswyss. Mit Vorrede von Leo Jud. 1581. in-8.
772. Dioscorides Pedanius et Stephanus Atheniensis. De remediis expertis liber a Casp. Wolfio in Latinam linguam conversus et editus. 1581. in-8.
773. Gesner, Conrad, Vogelbuch. Durch Rud. Heusslin aus dem Latin ins Teutsch gebracht. 1581. in-fol.
Mit Holzschnitten.
774. Gualther, Rod., homiliarum in evangelium secundum Matthæum partes I. II. 1581. in-folio.
775. Gualther, Rod., in Pauli apostoli epistolam ad Galatas homiliæ LXI. 1581. in-folio.
776. Christenliche ordnung vnnd brüch der kilchen Zürich. 1581. in-4.
777. Zwingli, Huldr., opera. 4 voll. 1581. in-folio.
(*Operum etc. pars I. Acc. epistolæ selectiores. II. Τὰ πολιμιχά. III. Annotationes in Genesim, etc. IV. In plerosque Novi Testamenti libros annotationes etc.*)

1582.

778. Gualtherus, Rod., in Evangelium secundum Joannem homiliæ CLXXX. Editio postrema. 1582. in-fol.
779. Hyperius, Andr., Commentarii in omnes D. Pauli apostoli epistolas, atque etiam in epistolam Judæ, nunc primum opera Jo. Mylii in lucem editi. 1582—84. 4 voll. in-fol.

780. Lavater, Ludwig, Das Buch Job ausgelegt in CXLI Predigen. 1582. in-fol.
781. Pellicanus, Conradus, In IV Evangelia et Acta Apostolorum commentarii. 1582. in-fol.
782. Pellicanus, Conradus, In libros quos vocant apocryphos, vel potius ecclesiasticos commentarii. 1582. in-fol.
783. Stuckius, Jo. Guil., Antiquitatum convivialium libri III. 1582. in-folio.

1583.

784. Begriff vnd Inhalt alles dess, so einem Christen Menschen, der da begehrt sälig zu werden, zu wünschen von nöten. 1583. in-8.
Verfasser: Burkhard Leemann.
785. Gesner, Conr., bibliotheca in epitomen redacta per Jos. Simlerum et aucta per Joh. Frisium. 1583. in-fol.
786. Gessner, Conrad, Thierbuch. Durch C. Forer aus dem Latin ins Teutsch gebracht. 1583. in-fol.
Mit Holzschnitten.
787. Gualtherus, Rod., In Isajam prophetam homiliæ CCCXXIIII. 1583. in-fol.
788. Lavater, Ludwig, Hesther. Erklerung vnd vsslegung über das Buch Hesther in 47 kurtze Predigen zum einfaltigsten gestellt. 1583. in-8.
VIII und 238 Blätter.
789. Symbola oder der alte Glaub, das ist die fürnemste Bekanntnussen dess Glaubens, auss dem Latin in gut hochteutsch gebracht durch J. C. Ulmerum. 1583. in-8.
47 Blätter.
790. Ulmer, Joh. Conrad. Symbola præcipua Synodorum, Patrum atque adeo totius veteris orthodoxæ Ecclesiæ. 1583. in-8.

1584.

791. Beumler, Marcus, de duabus gravissimis quæstionibus conjunctione videlicet sacramentali et vera communione corporis sanguinisque Christi duo tractatus. Accedunt quæstiones Stephani Tzegedini de vero sensu verborum Cœnæ, etc. 1584. in-8.

792. Beumler, M., analysis pia disputationis Jac. Andreæ, de religiosa carnis Christi adoratione. 1584. in-8.
16 ungez. Blätter.

793. Gualtherus, Rod., De incarnatione Jesu Christi homiliæ sex. 1584. in-8.

794. Walther, Rudolf, Der König Ezechias. Das ist die trostlich Geschicht vom heiligen Ezechia, in sechs Predigen vssgelegt. 1584. in-8.

795. Jezelerus, Joh., De diuturnitate belli eucharistici liber unus. 1584. in-8.

796. Lavater, Ludovicus, In librum Salomonis qui Ecclesiastes inscribitur commentarius. 1584. in-8.

797. Lavater, Ludwig, Von dess vertruncknen Nabals läben vnd tod zäben kurtz predigen. 1584. in-8.

798. Massarius, Dom. Vinc., De ponderibus et mensuris medicinalibus libri III. Conradi Gesneri opera repurgati. Accedunt alia, studio Casparis Wolphii edita. 1584. in-8.

799. Meyer, Sebast., In Apocalypsim Johannis commentarius. 1584. in-folio.

800. Montenay, Georgette, Emblematum Christianorum centuria. Cum eorundem interpretatione latina et gallica. 1584. in-4.

801. Simlerus, Josias, In Exodum commentarii. 1584. in-fol.

802. Wolphius, Joannes, In Esdræ librum primum, commentariorum libri III. Accedit ejusdem epistola de certitudine ecclesiæ. Item de vita et obitu ejusdem narratio, scripta a J. O. Stuckio. 1584. in-fol.

1585.

803. Beumler, Marcus, Apologia contra Jac. Andreæ. 1585. in-8.

804. Beumler, Marcus, necessarius et perspicuus elenchus sophismatum Jac. Andreæ. 1585. in-8.

805. Der kürtzer Catechismus. Von den Dienern des Worts zu Zürych gestellt in Fragenswyss von Leo Jud. 1585. in-8.

806. Cyprianus, D., Eine Predig im Latin sermo de mortalitate genannt. Teutsch durch Joh. Conrad Vlmerum. 1585. in-16.

807. Eglinus, Raph., Recte argumentandi ratio. 1585. in-8.

808. Lavater, Ludovicus, Liber Hestheræ homiliis XLVII Germanica lingua expositus, a Joa. Pontisella in Latinam conversus. 1585. in-fol.
809. Lavater, Ludovicus, Liber Jobi homiliis CXLI Germanica lingua explicatus, ab Hartmanno Sprunglio Latinitate donatus. 1585. in-fol.
810. Lavater, L., liber Judicum CVII homiliis expositus. 1585. in-folio.
811. Schreybkalender vnd Marktbüchlin vffs Jar MDLXXXV. Am Schlusse: Getruckt zu Zürych in der Froschouw, by Christoffel Froschower. in-16.
32 Bll. Holzschnitt auf dem ersten und letzten Blatt.
812. Vadianus, Joachim, Aphorismorum libri VI de consideratione eucharistiæ, de sacramentis antiquis et novis, etc. 1585. in-8.
813. Walther, Rudolf, Drey trostlich Predigen von der Bekanntnuss des Christenlichen Gloubens, etc. 1585. in-8.
814. Wolphius, Henricus, Chronologia seu de tempore et ejus mutationibus ecclesiasticis tractatio theologica. 1585. in-4.
815. Wolphius, Joannes. Deuteronomium. In Mosis librum V qui Deuteronomium inscribitur, sermonum libri IV. Nunc primum opera et studio Henrici Wolphii authoris F. in lucem editi. 1585. in-fol.

1586.

816. Die gantzo Bibel, das ist alle bücher Alts vnd Neuws Testaments auffs allertreuwlichest vertoütschet. 1586. in-fol.
817. Colerus, Jo. Jacob, Quæstio theologica et philosophica, num anima sit ex traduce etc. Accedunt Rod. Hospiniani orationes duæ de anima. 1586. in-4.
818. Gesner, Conrad, Physicarum meditationum, annotationum et scholiorum libri V, collecti per Casp. Wolphium. 1586. in-fol.
819. Lavater, Lud., Liber I. Ezræ, homiliis XXXVIII expositus. 1586. in-4.
820. Lavater, Ludovicus, Liber Nehemiæ homiliis LVIII expositus. Cum præfatione Joa. Guil. Stuckii, de vita et obitu Lud. Lavateri. 1586. in-4.
821. Lavater, L., de vita et obitu Nabalis I. Sam. 25 descriptum homiliæ. Latine edidit J. Pontisella. 1586. in-8.

822. Lavater, L., de pestilentia concio, ex Germanica lingua in Latinam tralata a Jo. Pontisella. 1586. in-12.

823. Stumpf, Joh., Gemeiner lobl. Eydgnoschafft Stetten, Landen vnd Völckern Chronicwürdiger thaten beschreibung. 1586. in-fol.
Mit Karten, Städte-Abbildungen und vielen Wappen.

824. Walther, Rudolf, Die Vferstentnuss. Von der Vferstentnuss vnsers Herrn Jesu Christi etc. Item von der Christen Osterfest, dry Predginen. 1586. in-8.

1587.

825. Bullinger, H., die Offenbarung Joannis mit CI Predigten erklärt. Durch Ludwig Lavater in Teutsch verdolmetschet. 1587. in-folio.

826. Gesner, Conrad, De stirpium collectione tabulæ, accedunt de stirpibus et earum partibus tabulæ ex Theophrasti libris confectæ, de novo editæ per Casp. Wolphium. 1587. in-8.

827. Gesner, Conrad, Historiæ animalium liber quintus, qui est de serpentium natura; adjecta est ad calcem scorpionis insectis historia. 1587. in-fol.
Mit Holzschnitten.

828. Gualtherus, Rod., In Hesteræ historiam homiliarum sylvæ vel archetypi. 1587. in-8.

829. Hospinianus (Wirth), Rodolphus, Origo errorum hoc est de origine, progressu, usu et abusu templorum. Libri V. 1587. in-folio.

830. Lavater, L., de caritate annonæ ac fame conciones III. E Germanica sermone conversæ. 1587. in-8.

831. Lavater, L., Jobi fides et confessio de resurrectione mortuorum 1587. in-8.

832. Lavater, L., homilia de persecutionibus. 1587. in-8.

833. Martyr, Petrus Vermilius, Loci communes ex variis ejus scriptis collecti, et in IV classes distributi. Cum præfatione Rud. Gualtheri de usu et utilitate locorum communium. 1587. in-folio.

834. Stuckius, Jo. Guil., Meditationes eucharisticæ, das ist heilsame Betrachtungen des heiligen Abendmahls. 1587. in-8.
835. Werdmüller, Otho, Houptsumma der waren Religion. 1587. in-16.

1588.

836. Gualtherus, Rod., De Jesu Christi et Christianorum vita et officio homiliæ et orationes variæ. 1588. in-fol.
837. Gualtherus, Rod., In Pauli epist. ad Romanos homiliarum archetypi, editi opera Henr. Wolffii. 1588. in-fol.
838. Gualther, Rod., in priorem D. Pauli ad Corinthios epistolam homiliæ. 1588. in-folio.
839. Gualther, Rod., in posteriorem D. Pauli ad Corinthios epistolam homiliæ. 1588. in-fol.
840. Hospinianus (Wirth), Rodolphus, De origine et progressu monachatus libri VI. 1588. in-fol.
841. Mollerus, Henricus, In Jesaiam prophetam commentarius. Edidit Jo. Guil. Stuckius. 1588. in-fol.
842. Psalmen, die sogenannten alten, mit ihren Melodieen. 1588.
843. Spanhemius, Wigandus, Oratio prognostica, das ist Deutung vnd Spiegel des LXXXVIII. Jars, vnnd dieser letzten trübseligsten zeyt. 1588. in-4.
844. Strübi, Heinrich, Arithmetica. Ein neüw kunstlich Rechenbüchlin mit der Zipher. 1588. in-8.
845. Stuckii, J. Guil., Prognosticon, seu prædictio certissima de anno 1588 et iis qui sequentur vsque ad annum et diem, quo magnus ille Deus et seruator generis humani, ad virorum et mortuorum judicium exercendum veniet. 1588. in-4.
16 Blätter.

1589.

846. Biblia, d. i. alle Bücher Alts vnd Neuws Testaments, den vrsprünglichen spraachen nach, auffs treuwlichest verteutscht. 1589. 4 Theile. in-4.
847. Gessner, Conrad, Schlangenbuch. Durch Jacobum Carronum gemehrt. An yetzo aber mit sondrem fleyss verteütscht. 1589. in-folio.
Mit Holzschnitten.

848. Gualtherus, Rod., in Joannis apostoli et euangelistæ epistolam canonicam, homiliæ XXXVII. In ejusdem apostoli duas posteriores epistolas, homiliarum sylvæ. 1589. in-fol.
849. Gualtherus, Rod., In Divi Pauli apostoli epistolas omnes homiliarum archetypi. In lucem editi opera Heinr. Wolphii. 1589. in-folio.
850. Leemann, Burkard, Sonnenuhren zu ryssen nach mancherley art. 1589. in-4.
851. Martyr, P. Vermilius, heilige vnd trostliche Gebätt vss den Psalmen Dauids gezogen, jetz newlich vertütschet durch Hans Jakob Buwmann. Mit geistlichen Gesängen von Raphæl Egli vnd Rudolf Wonlich. 1589. in-8.
852. Paris, Matthæus, monachus Alban., Historia Anglorum major, a Guilielmo Conquæstore ad ultimum annum Henrici III. 1589. in-fol.

1590.

853. Bullinger, H., In Apocalypsim conciones centum. 1590. in-fol.
854. Gualther, R., homiliarum in Evangelium secundum Matthæum partes I. II. 1590. in-fol.
855. Gualther, Rod., in D. Pauli apostoli epistolam ad Romanos homiliæ XCVI. 1590. in-fol.
856. Hochholtzer, Samuel, Bättelordnung. Ein kurtzer vnd einfalter bericht vonn dem vnuerschampten Bättel, zu nutz vnd gutem dess gemeinen wolstands vnsers fürgeliebten vatterlands. 1590. in-8.
147 Blätter.
857. Murer, Johann Jacob. Bricht von dem Rächnen mit den Zalpfenningen auf den Linien. 1590. in-8.

1591.

858. Hochholtzer, Samuel, ein kurtzer vnd einfalter bericht, vonn dem vnuerschampten Bättel, zu nutz vnd gutem dess gemeinen wolstands vnsers fürgeliebten vatterlands. 1591. in-8.
115 Blätter und Register.
859. Turnovius, Joannes, Epopoeia de expeditione Germano-Gallica Henrici IV. 1591. in-4.

1592.

860. Dunus, Thaddæus. Epistolæ medicinales. Ejusdem de Hemitrytæo. Item miscellaneorum liber. 1592. in-8.

861. Stuckius, Jo., Guil., Carolus Magnus redivivus, hoc est: Caroli Magni cum Henrico Magno Gallorum rege, comparatio. 1592. in-4.

862. Stuckius, Jo. Guil., Orationes duæ, una de munere ecclesiastico, altera de concordia. 1592. in-4.

863. Wolphius, Joannes, Sermonum in historiam Josuæ liber unus, nunc primum editus opera H. Wolfii, authoris filii. 1592. in-fol.

1593.

864. Frisius, Joannes Jacobus, Orationes duæ, una de officio vitæ ministrorum ecclesiæ; altera de eorundem concordia. 1593. in-4.

1595.

865. Dunus, Thaddæus. De peregrinatione filiorum Israel in Aegypto tractatus chronologicus. 1595. in-4.

Autoren- und Sach-Register.

Aberlin, J., die Bibel gsangsweyss. 1551. *379*.
Acolastus, Comœdia. (Von Gnapheus.) 1535. *229*.
Acta gehaltner Disputation zu Zoffingen. 1532. *200*.
Acta oder gschicht von Zürich. (Von L. Hätzer.) 1523. *69*.
Action oder Bruch des Nachtmals. 1525. *105*.
Actuarius, de urinis. 1541. *275*.
Adamus Michael; Josippus Gorionis de bello Judaico. s. a. *2*. Liber precum. s. a. *3*.
Aelianus. s. a. *38*.
Aesopi Phrygis et aliorum fabulæ. s. a. *4*. 1560. *520*.
Aloisius Mundella, dialogi medicinales. 1541. *276*.
Ammann, rudimenta. 1559. *494*.
An Albrechten zu Brandenburg sendbrieff. 1532. *201*.
Antonius, de rebus divinis. 1554. *432*. *433*.
Antwurt der Prediger zu Costentz. 1526. *121*.
Antwurten der Burgermeister etc. von Zürich. 1524. *89*.
Anzeigung und bekanntnus des Glaubens. 1530. *182*.
Aphthonii progymnasmata. s. a. *5*.
Apicius Cælius, de opsoniis. 1542. *285*.
Apologiæ pro Homero. s. a. *6*. 1542. *286*.
Aristotelis politicorum liber I. s. a. *7*.
Artzney für das Steinwee. s. a. *8*.
Badenfart.guter gsellon. (1523—26.) *72*.
Begriff vnd Inhalt, was einem Christen Menschen von nöten. 1583. *784*.
Betuleius, Susanna comœdia. 1538. *251*.
Beumler, M., de duabus quæstionibus. 1584. *791*. Analysis pia. 1584. *792*. Apologia. 1585. *803*. Elenchus 1585. *804*.
Bibliander, Th., oratio. 1532. *202*. Propheta Nahum. 1534. *219*. Institut. grammat. hebr. 1535. *230*. De ratione communi. 1548. *343*. Christianismus sempiternus. 1556. *463*.
Birckmeier, ein zeiger büechlin der heyl. geschrifft. 1525. *107*.
Blaurer, Ambr., geistlich Sbstz. 1561. *537*.
Blum, Hans, Buoch von allerley antiquiteten. s. a. *9*. Von den fünff Sülen. 1558. *480*. 1567. *637*.

Bullinger, Henr., christ. fidem mox apodoxistis etc. x. u. 10. De hebdomadis. 1530. 183. Von dem vnverschampten fräfel. 1531. 191. In epist. Joannis expositio. 1532. 205. In Pauli ad Hebr. epist. comment. 1532. 201. De prophetæ officio oratio. 1532. 205. Vff Johansen Trostbüchlin verantwurtung. 1532. 206. In acta Apostolorum comment. 1533. 213. 1540. 268. 1556. 161. In Pauli ad Rom. epist. comment. 1533. 211. In Petri opist. comment. 1531. 220. Contra varias hæreses assertio. 1534. 221. De testamento Dei. 1534. 222. In Pauli ad Corinthios epist. I. commentar. 1534. 223. Adversus Catabaptistar. dogmata. 1535. 231. Comment. in epist. ad Gal. Ephes. Philipp. et Coloss. 1535. 232. In poster. Pauli ad Cor. epist. comment. 1535. 233. Bericht der Kranken. 1535. 234. 1538. 252. 1544. 306. 1564. 605. In Pauli ad Thessalon. comment. 1536. 211. De Scripturæ a. authoritate. 1538. 252. 1544. 305. In omnes apostol. epist. comment. 1539. 256. 1544. 301. 1549. 358. 1558. 182. De origine erroris. 1539. 257. 1568. 611. Der alt gloub. 1539. 258. 1544. 307. Von dem einigen Testament. 1539. 259. Der christlich Eestand. 1540. 269. 1548. 316. 1579. 735. In evangel. Matthei comment. 1542. 287. 1546. 321. Ad Cochlei de canon. autoritate lib. responsio. 1543. 296. In evangel. Joannis commentar. 1543. 297. 1548. 377. Antiquissima fides. 1544. 302. Brevis ἀντιβολή. 1544. 303. Hoffnung der Gläubigen. 1544. 308. In evangel. Marci comment. 1545. 315. Orthodoxa confessio. 1545. 316. Warhaffte Bekanntnus. 1545. 317. In evangel. Lucæ comment. 1546. 325. Series et digestio. 1548. 315. Sermonum decades II. 1549. 359. Sermonum decas III. 1550. 371. Sermonum decas IV. 1550. 372. Sermonum decas V. 1551. 381. Sermonum decades V. 1552. 391. 1562. 571. 1567. 639. 1577. 732. Antithesis. 1551. 380. Die rechten Opfer der Christenheit. 1551. 382. 1555. 418. Von warem Glauben. 1552. 392. Von rächter hilff in nöten. 1552. 393. 1564. 606. Von der Verklärung Christi. 1552. 394. 1556. 467. Dispositio historiæ evangel. 1553. 410. De ss. cœna homiliæ. 1553. 411. Von dem heil. Nachtmal. 1553. 412. 1555. 447. Von rechter buss. 1553. 413. De gratia Dei. 1554. 433. Von dem zytligen Gut. 1554. 434. Das jüngste Gericht. 1555. 445. 1559. 499. Von dem Heil der Gläubigen. 1555. 446. Compendium christianæ religionis. 1556. 465. 1559. 496. 1569. 652. Summa christl. Religion. 1556. 466. 1576. 722. In Jeremiam conciones. 1557. 476. 1559. 497. 1561. 510. De cœna Domini sermo. 1558. 481. Festorum dierum sermones. 1558. 483. 1564. 603. Sermones Jeremiæ expos. 1558. 484. 1575. 709. Hausbuch. 1558. 485. Catechesis. 1559. 495. 1561. 538. 1563. 586. Bericht wie die, so von we_en des heil. Evangelliums etc. 1559. 498. Institutio. 1560. 521. Adversus Anabaptistas. 1560. 522. Der Widertäufferen vrsprung. 1560. 523. 1561. 517. De conciliis. 1561. 539. Threnorum Jeremiæ explicatio. 1561. 541. Tractatio verborum Domini. 1561. 542. Von den Conciliis. 1561. 543. 544. Gägenbericht. vff den Bericht Joh. Brentzen. 1561. 545. Responsio ad Joh. Brentium. 1562 570. Von dem Himmel. 1561. 546. Fundamentum firmum. 1563. 587. Venter Grund. 1563. 588. Repetitio. 1564. 604. Daniel expositus. 1565. 619. 1576. 721. Bekanntnus des waren Glaubens. 1566. 627. Confessio orthodoxæ fidei. 1566. 628. 1568. 646. Isaias expositus. 1567. 638. Gegensätz d. evangel. u. d. bäpstischen leer. 1568. 645. Von der Bekerung des menschen. 1569. 653. Vff Joh. Brentzen Testament Antwurt. 1571. 671. Ad testam. Joh. Brentii responsio. 1571. 672. De script. sanctæ præstantia. 1571. 673. Adhortatio. 1572. 679. Bericht von der heil. Schrift. 1572. 680. Vermanung. 1572. 681. Von höchster Fröud. 1572. 682. De persecutionibus ecclesiæ christ. 1573. 690. Vervolgung. 1573. 691. Vff siben Klagertickel verantwortung. 1574. 697. Zwo Predigen. 1574. 698. Ad VII accusationis capita responsio. 1575. 708. Ministro-

rum Tigur. ecclesiae apologia. 1575. *710.* Antwort der Dieneren der kyrchen
Zürych. 1575. *711.* Offenbarung Johannis. 1587. *825.* In Apocalypsim conciones.
1590. *853.*
Calphurnius, eclogae. 1537. *214.*
Calvinus, defensio. 1555. *449.*
Catalogus librorum Froschov. 1548. *347.*
Catechismus. 1525. *111.* 1553. *414.*
Catechismus, der kürtzer. (Von Leo Jud.) 1553. *415.* 1563. *589.* 1567. *640.* 1580. *764.* 1581. *771.* 1585. *805.*
Catechismus, Mülhauser. 1580. *765.*
Catechismus, Schaffhauser. 1569. *654.*
Catonis disticha. 1537. *245.* 1559. *500.* 1561. *548.*
Ceporinus, Compendium grammaticae gr. 1526. *125.* 1539. *260.* 1548. *348.* 1550. *373.* 1559. *501.* 1560. *524.*
Cholinus, P., dictionarium lat.-german. 1541. *277.*
Cicero, epistolae famil. s. a. *11.* 1559. *502.* Oratio ad populum Rom. 1551. *383.* De officiis. 1553. *416.* 1560. *525.*
Clauser, C., de oratione liber. 1553. *417.*
Colerus, J. J., quaestio theolog. 1586. *817.*
Collinus, R., carmen in imaginem ebrietatis. s. a. *12.*
Confessio orthodoxae fidei (edid. Bullinger.) 1545. *315.* 1566. *628.* 1568. *646.*
Consensus orthodoxus. 1578. *742.*
Crepundia christ. juventutis. 1559. *503.*
Cyprianus, D., ein Predig de mortalitate. 1585. *806.*
Denk, H., vom Gsatz Gottes. 1550. *374.*
Despauterius, de figuris. 1552. *395.*
De tropis et figuris. s. a. *13.* 1559. *504.*
Dictionariolum lat. gall. germ. 1548. *349.* 1549. *360.*
Dictionariolum sex linguarum. 1553. *418.*
Dietz, Joh., Gloub vnd leer. 1546. *326.*
Dioscorides Pedanius. 1581. *772.*
Donatus, Aelius, methodus s. a. *14.* 1535. *245.* 1561. *549.* 550.
Dunus, Th., epistolae medicinales. 1592. *860.* De peregrinatione filiorum Israel. 1595. *865.*
Eberlin, Lob der Pfarrer. 1522. *58.*
Eckstein, Utz, Dialogus. (1526.) *126.* Klag des Gloubens. (1526.) *127.* Ein hübsch Lied. (1526.) *128.* Lied von der Disputation. (1526.) *129.* Concilium. (1527.) *158.* Rychstag. (1527.) *159.*
Eglinus, R., ratio recte argumentandi. 1585. *807.*
Elementale linguae graecae. 1559. *505.*
Entschuldigung der Dieneren des Evangeliums zu Costentz. 1526. *131.*
Epigrammata (edid. Gualther). 1548. *350.*
Epistolae claror. virorum ad Reuchlin. 1558. *186.*
Epistolae duae ad ecclesias Polonicas. 1561. *551.*
Erasmus Roterod., civilitas morum. s. a. *15.* Paraphrasis Teutsch. 1521. *50.* 1522. *60.* 1523. *73.* (1535.) *236.* 1542. *288.* Familiaria colloquia. s. a. *16.* Postilla. s. a. *17.* Ein klag des Frydens. 1521. *48.* Nutzliche vnderwisung. 1521. *49.* Epistel Pauli zu Philemon. 1521. *51.* Expostulation. 1522. *59.* Opus colloquiorum. 1553. *419.* De octo orationis partium constructione. 1568. *647.*

Erklerung wie Carlstat sein leere achtet. 1525. *108.*
Ermanung des Fridens (von Seb. Meyer). 1522. *61.*
Ermanung zu Handhabung christl. warheit. (1525.) *106.*
Evonymus vide Conr. Gesner.
Faber, Joh., ein Sendbrief. 1526. *132.*
Flaminius, Ant., de rebus divinis. 1554. *433.*
Form, Kinder zu Thouffen. 1523. *75.*
Frank, Seb., Sprüchwörter. (1545.) *318.*
Fridberger, (Hubmeer, Pacimontanus), Axiomata. 1524. *90.* Schlussreden. 1524. *91.* Ettlich beschlussreden. 1525. *109.* Handlung zu Osterlytz. 1526. *133.*
Frisius, Joh. Jac., annotationes in Virgilium s. a. *19.* Dictionarium lat.-germ. 1541. *277.* 1554. *437.* 1556. *468.* 1574. *699.* Dictionariolum. 1556. *469.* 1568. *648.* Synopsis. 1552. *396.* Muses Isagoge. 1554. *436.* Principia latine loquendi. 1562. *572.* Orationes duæ. 1593. *864.*
Funckelin, Jac., ein trostlich Spyl. 1552. *397.* Ein geistlich Spyl. 1553. *420.*
Fundament-Büchle. 1555. *450.*
Gebätt für jung Lüt. o. J. *20.*
Gedicht von einem thurgowischen Pur. 1521. *52.*
Gesner, Conrad, de remediis secretis. s. a. *18.* 1569. *655.* Compendium ex Actuaril libris. 1541. *278.* Libellus de lacte. 1541. *279.* Catalogus plantarum. 1542. *289.* Moralis interpretatio. 1542. *291.* Bibliotheca universalis. 1545. *319.* 1555. *451. 452.* 1574. *700.* 1583. *785.* Pandectæ. 1548. *351.* Partitiones theolog. 1549. *361.* Historiæ animalium. Liber I. 1551. *381.* Liber II. 1554. *435.* Liber III. 1555. *454.* Liber IV. 1558. *487.* Liber V. 1587. *827.* Icones animalium quadrupedum. 1553. *421.* 1560. *526.* Icones avium. 1555. *455.* 1560. *527.* Icones animalium in mari degentium. 1560. *528.* Thierbuch. 1555. *456.* 1563. *590.* 1583. *786.* Vogelbuch. 1555. *457.* 1581. *773.* Fischbuch. 1563. *591.* 1575. *712.* Schlangenbuch. 1589. *847.* Mithridates. 1555. *453.* De libris a se editis. 1562. *573.* De Aconito. 1577. *733.* Epistolæ medicinales. 1577. *734.* Physicæ meditationes. 1586. *818.* De stirpium collectione tabulæ. 1587. *826.*
Gesprech von einer muter mit jr tochter. 1526. *130.*
Gnapheus, Acolastus. Comœdia. 1535. *229.*
Grossmann, C., (Megander), in epist. Pauli ad Gal. comment. 1533. *215.*
Gsangbüchle von nüw. gedichten, Psalmen, etc. o. J. *21.*
Gsangbüchle, nüw, von vil schönen Psalmen. 1540. *270.*
Gualther, Rod., (Walther), Monomachia Davidis et Goliæ. s. a. *22.* De syllabarum ratione. 1542. *290.* 1554. *440.* 1561. *553.* 1569. *658.* 1575. *713.* Argumenta omnium capp. V. et N. Test. 1543. *298.* 1547. *338.* 1554. *439.* Apologia. 1545. *320.* Antichristus. 1546. *327.* (1550.) *375.* Der Endchrist, (1546.) *328.* Epigrammata. 1548. *350.* Servus ecclesiast. 1548. *352.* Nabal. (1549.) *362.* Von knächtschafft der sünd. 1552. *402.* 1562. *575.* 1578. *746.* Lobgesang Zachariæ. 1552. *403.* Ein Trostpredig. 1552. *404.* In Joannis epist. canon. homiliæ. 1553. *422.* 1569. *657.* 1578. *745.* 1589. *848.* Von christl. Bestendigkeit. 1553. *423.* Geburt und Menschwerdung unsers Herrn. 1553. *424.* Von der heil. Geschrifft. 1553. *425.* Die Kindheit unsers Herrn. 1553. *426.* Der 113. Psalm. 1553. *427.* Die Uffart. 1555. *458.* Beschnydung 1556. *475.* 1574. *705.* Das Vatter vnser. 1556. *474.* 1559. *516.* In acta apostolorum homiliæ. 1557. *477.* 1562. *574.* 1569. *656.* Der Psalter verteutschet. 1558. *490.* Der Christenspiegel. 1558. *491.* Passion. 1559. *515.* 1578. *745.* Die Uferstentnuss. 1560. *533.* 1586.

824. In Hoseam homiliæ. 1561. *552.* In Jœlem homiliæ. 1561. *553.* In evangel. Marci homiliæ. 1561. *554.* 1564. *607.* 1570. *664.* 1577. *735.* Der Prophet Jœl. 1562. *576.* In prophetas minores homiliæ. 1563. *592.* 1566. *629.* In evangel. Joannis homillæ. 1565. *620.* 1568. *649.* 1575. *714.* 1582. *778.* In Pauli epist. ad Rom. homiliæ. 1566. *630.* 1580. *766.* 1588. *837.* 1590. *853.* In evangel. Lucæ homiliæ. 1570. *665.* 1573. *692.* 1579. *756.* Menschwerdung des Suns Gottes. 1571. *678.* De incarnatione Christi. 1572. *683.* 1584. *793.* In Pauli epist. I ad Cor. homiliæ. 1572. *684.* 1588. *818.* In Pauli epist. II ad Cor. homiliæ. 1572. *685.* 1588. *839.* Die zûgnuss S. Johannis. 1573. *693.* Argo Tigurina. 1576. *723.* In Pauli epist. ad Galatas homiliæ. 1576. *724.* 1581. *775.* In Jos. Parkhursti obitum epicedia. 1576. *725.* Von Versuchung. 1577. *736.* Brot des Lebens. 1578. *744.* In evangel. Matthæi homiliæ. 1581. *774.* 1590. *854.* In Jesaiam homiliæ. 1583. *787.* Der Künig Ezechias. 1584. *793.* Drey trostlich Predigen. 1585. *813.* In Hestoræ histor. homiliæ. 1587. *828.* De Jesu Christi vita. 1588. *836.* In Pauli epist. omnes commentarius. 1589. *849.*

Gyrenrupffen. 1523. *76.*

Haberer, H., Spyl von Vatter Abraham. 1562. *577.*

Haller, Joh., orationes piæ. 1552. *401.* Sententiæ. 1572. *686.* Psalmgebätt. 1572. *687.*

Handlung der versammlung in Zürich. (Von Hogenwald.) 1523. *77.* zu Osterlytz. (Von Hubmœr.) 1526. *153.* zu Bernn. 1528. *170. 171.* zu Zoffingen. 1532. *207.*

Hätzer, L., Acta von Zürich. 1523. *69.* Ain vrteil Gottes. 1523. *78.*

Hegenwald, E., Handlung der versammlung in Zürich. 1523. *77.*

Herther, Joh., Elementale lat. linguæ. 1559. *506.* Isagoge lat. linguæ. 1559. *507.*

Hesiodus, opera et dies. 1548. *353.* 1562. *578.* 1579. *757.*

Heyden, Seb., nomenclatura rerum. s. a. *23.*

Hochholtzer, S., Bättelordnung. 1590. *856.* Bericht von dem Büttel. 1591. *858.*

Hofmeyster, Seb., Acta vnd handlung. 1526. *134.*

Honter, Joh., Rudimenta cosmographica. 1546. *329.* 1548. *354.* 1549. *363.* 1552. *398.* 1561. *556.*

Hospinianus, R., (Wirth), orrigo errorum. 1587. *829.* De origine et progressu monachatus. 1588. *840.*

Hyperius, Andr., Topica theolog. 1564. *608.* Comment. in Pauli epist. 1582—84. *779.*

Jezeler, Joh., de diuturnitate belli euchar. 1584. *795.*

Index librorum quos Chr. Froschauer excudit. 1562. *579.*

Infantes duo uno corpore. 1543. *299.*

Interpretatio moralis. 1542. *291.*

Josephus ex vers. Michael Adam. 1546. *330.*

Isocrates, Buechlin von vnderwysung eines fürsten. 1521. *53.*

Jud, Leo, Catechismus. s. a. *24.* 1534. *224.* Der kürtzer Catechismus. 1553. *415.* 1563. *589.* 1567. *610.* 1580. *764.* 1581. *771.* 1585. *805.* Der vrstende Jesu Christi. s. a. *25.* Vf entdeckung D. Erasmi antwurt. 1526. *135.* Maynung vom Nachtmal. 1526. *136.* Annotationen in Pauli ad Cor. epist. 1528. *172.* Des lydens Christi historia. 1534. *225.* 1539. *261.* Proverbia Salomonis. (1541.) *280.*

Kalender für 1527. (1526.) *137.* 1552. *399.* 1555. *459.* 1558. *488.* 1569. *639.* 1576. *726.*

Kalender oder Lassbüchli 1569 u. folg. v. unter den einzelnen Jahren. V. Lassbüchli, Puren-Kalender, Schreyb-Kalender.

Kinderzucht. 1539. *262.* 1545. *321.* 1563. *593.*
Klag über diese Welt. (1523.) *71.*
Kollross, Joh., Enchiridion. 1564. *609.*
Lassbüchli. 1544 u. folg. v. unter den einzelnen Jahren.
Lavater, Lud., in libr. proverb. Salom. commentar. 1562. *581.* 1572. *689.* Hist. de orig. sacrament. de cœna Domini. 1563. *595.* Historia von der zwyspaltung. 1564. *611.* Von der Pestilentz. 1564. *612.* In libr. Josuæ homiliæ. 1565. *622.* Von thûwre und hunger dry Predigen. 1571. *675.* In paralipom. commentarius. 1573. *695.* Vom leben u. tod H. Bullinger's. 1576. *728.* Job's Glauben und Bekanntnuss. 1577. *738.* Trostpredigt von christl. Gedult. 1577. *739.* Liber Ruth. 1578. *748.* Von Gespänsten. 1578. *749.* Buch Job. 1582. *780.* Heather. 1583. *788.* In Ecclesiasten commentar. 1584. *796.* Nabal's Leben. 1584. *797.* Liber Hestherœ. 1585. *808.* Liber Jobi. 1585. *809.* Liber Judicum. 1585. *810.* Liber I Ezræ. 1586. *819.* Liber Nehemiæ. 1586. *820.* De vita Naballs. 1586. *821.* De pestilentia. 1586. *822.* De caritate. 1587. *830.* Jobi fides. 1587. *831.* De persecutionibus. 1587. *832.*

Leemann, Burkard, Sonnenuhren zu rysen. 1589. *850.*
Leemann, Rod., Psalterii paraphrasis. 1580. *768.* Begriff u. Inhalt. 1583. *784.*
Libellus ualde doctus, multa et varia scribendarum literar. genera complectens. s. a. *26.*
Luther, Martin, vnderwysung. 1521. *54.* Sermon von Empfahung des lychnams Christi. 1521. *55.* Evangelium von den zehen aussetzigen. 1521. *56.* Predig von der betrachtung des heyl. lyden Christi. 1521. *57.* Wie sich M. Luter vnd Zuingli etc. 1529. *180.* Wider den geystl. Stand des Bapsts. 1522. *62.* Von beyder gestalt des Sacraments. 1522. *63.*

Maaler, Joh. (Pictorius), Die teutsch spraach. 1561. *558.*
Mainung von den wercken der menschen. (Von Raidbach.) 1523. *70.*
Manuel, Niclaus, ein hüpsch lied. (1526.) *138.* Barballi. (1526.) *139.*
Martialis epigrammata. 1544. *310.*
Martyr, Petrus Vermilius, in Pauli ad Cor. epist. I. commentar. 1551. *586.* Defensio doctr. de eucharistiæ sacram. 1559. *509.* Dialogus. 1561. *559.* 1563. *596.* 1575. *716.* Epistolæ duæ. 1561. *560.* In libr. Judicum commentar. 1561. *561.* In libr. ethic. Aristotelis comment. 1563. *597.* In duos libr. Samuelis comment. 1564. *613.* Præces sacræ. 1564. *614.* 1566. *632.* 1578. *750.* Melachim cum commentar. 1566. *633.* 1571. *676.* In Pauli epist. I. ad Corinth. commentar. 1567. *642.* In I libr. Mosis commentar. 1569. *661.* In libr. Regum commentar. 1575. *717.* In Genesin commentar. 1579. *759.* Loci communes. 1580. *769.* 1587. *833.* Heilige Gebätt. 1589. *851.*
Massarius, Dom. Vinc., de ponderibus. 1584. *798.*
Maximus, abbas, de perfecta caritate. s. a. *27.*
Megander, Casp. (Grossmann), in epist. Pauli ad Galatas commentar. 1533. *215.*
Melanchthon, Ph., elementa puerilia. 1525. *117.*
Methodus nomina et verba flectendi lat.-germ. 1559. *510.*
Meyer, Seb., in apocalypsim Joh. commentar. s. a. *28.* 1584. *799.* Ermanung des Fridens. 1522. *61.*
Moller, Henr., in Jesaiam commentarius. 1588. *841.*
Montenay, Georgette, Emblemata. 1584. *800.*
Mosellanus, P., pædologia. 1540. *271.* Tabulæ de schematibus. 1540. *272.*

Murer, Josias, Belägerung der Statt Babylon. 1560. *550*. Absolom. 1565. *623*.
Verzeichnung der Städte u. s. w. von Zürich. 1566. *634*. Der Stadt Züryoh gestalt und gelegenheit. 1576. *729*.
Murer, Joh. Jacob, Bricht von dem Rächnen. 1590. *857*.
Musa, Ant., de herba vetonica. (1537.) *246*.
Myconius, Oswald, suasoria. 1524. *92*.
Namenbüchle für die angenden schüler. o. J. *29*.
Nemesianus, A., eclogæ. 1537. *244*.
Niger, Fr. B., meditatiuncula in dominicam precationem. s. a. *30*. Epitome metamorphoseos Ovidianæ. 1542. *292*.
Odenbach, Joh., Trostbüchle für die Sterbenden. 1545. *323*. 1581. *562*.
Oecolampadius, Joa., duo sermones de dignitate eucharistiæ. s. a. *31*. Predig in die 1. Ep. Joh. 1524. *93*. Apologetica. 1526. *110*. De re eucharetiæ. 1526. *141*. Vom Sakrament der Danksagung. 1526. *142*. Antwurt der Prodiger zu Basel. (1527.) *160*. Vber M. Luter buch. 1528. *173*. *177*.
Orationes piæ (edid. Haller.) 1552. *401*.
Ordnung der Fyrtagen. 1526. *143*.
Ordnung der christl. Kilchen zu Zürich. o. J. *32*. 1535. *237*. 1563. *598*. 1570. *667*. 1581. *776*.
Paris, M., historia Anglorum. 1589. *852*.
Passion. 1561. *563*.
Pellicanus, C., explicatio libelli Ruth. 1531. *195*. Commentaria Bibliorum. 1532—35. *208*. Index Bibliorum. 1537. *218*. In IV evangelia et acta apostolor. commentar. 1537. *247*. 1582. *781*. In omnes apostol. epist. commentar. 1539. *263*. In libros apocryphos commentar. 1582. *782*.
Pictorius v. Maaler.
Pœmata Vergilii, Tibulli, Ovidii. s. a. *33*. 1559. *511*.
Pollius, Joa., pœmata. s. a. *34*.
Psalmen, mit den Melodien. 1588. *842*.
Psalmen und Lieder der Kirche Schaffhausen. 1579. *760*.
Psalter in gebättawyss. o. J. *35*.
Psalterium carmine elegiaco redditum. s. a. *36*.
Puren Kalender. 1553. *429*. 1564. *615*. 1566. *635*.
Raidbach, Joh., mainung von den wercken der menschen. 1523. *70*.
Rassdorffer, P., Crütz mit sinen esten. 1532. *209*.
Rechenschaft des Gloubens. 1532. *210*.
Regiment für die Pestilentz. o. J. *37*.
Rueff. Jac., Spyl von der erschaffung Adams und Heva. 1550. *377*. Trostbüchle. 1554. *443*. Libellus de tumoribus. 1556. *471*.
Ryss, C., Antwurt an Joa. Pugenhag. 1525. *110*.
Schmid, Conrad, Antwurt. 1522. *64*. Ermanung zu warer Hoffnung in Gott. 1527. *161*. Predigen. 1528. *174*. Bericht des Herren Nachtmals. 1530. *185*.
Schmid, Johann, Trostbüchle. 1561. *564*. Der Christen Gloub. 1562. *582*.
Schreybkalender. 1585. *811*.
Schwenckfeld, C., ein anwysunge. 1528. *175*.
Selecta ex Aeliano. s. a. *38*.
Sendbrieff an Albrecht zu Brandenburg. 1532. *201*.

Sententiarum tomi tres. 1546. *332.*
Serenus, Q. Samon., De re medica. 1540. *273.*
Sextus Philos. (Platonicus), De medicina. 1530. *186.* 1539. *264.*
Simler, Josias, De principiis astronomiæ. 1559. *513.* Vita P. Martyris. 1563. *599.*
Responsio. 1563. *600.* Vita Conr. Gesneri. 1566. *636.* De æterno Dei filio.
1568. *651.* De vera Christi præsentia. 1574. *702.* 1578. *751.* Vallesiæ descriptio. 1574. *703.* Assertio doctr. de duabus naturis Christi. 1575. *718.* Vita Bullingeri. 1575. *719.* De republica Helvetiorum. 1576. *730.* Regiment der Eydtgnoschafft. 1576. *731.* 1577. *740.* In Exodum commentarius. 1584. *801.*
Spanhemius, W., oratio prognostica. 1588. *843.*
Stephanus Atheniensis, edid. Wolfius. 1581. *772.*
Stephanus, Rob., dictionariolum. 1548. *349.* 1549. *360.*
Stobæus, Jos., Sententiæ. 1543. *300.* Collectanea. 1549. *365.* 1559. *512.*
Strübi, H., Arithmetica. 1588. *841.*
Stuckius, J. Guil., oratio in obitum H. Bullingeri. 1575. *720.* Vita Jos. Simleri. 1577. *741.* Antiquitates conviv. 1582. *785.* Meditationes. 1587. *834.* Prognosticon. 1588. *845.* Carolus Magnus redivivus. 1592. *861.* Orationes duæ. 1592. *862.*
Stumpff, Joh., Beschreybung des Concils zu Costentz. (1541.) *281.* Gem. Eydgnoschafft beschreybung. 1546 (auch mit Jahreszahl 1548). *333.* 1586. *823.* Schwytzer Chronica (im Auszuge). 1554. *411.* Landtafflen aus der Chronica genomen. 1574. *701.* Keiser Heinrich's IV. Historia. 1556. *472.*
Sulpitius Verul., de moribus. (1562.) *583.*
Summa aller Biblischer geschrifft..o. J. *39.*
Susenbrotus, Jos., Epitome troporum ac schematum. s. a. *40.* 1560. *532.* Methodus. 1542. *293.* 1560. *531.* Grammat. artis institutio. 1559. *514.*
Symbola oder der alte Gloub. 1583. *789. 790.*
Tabula abecedaria pro pueris. s. a. *41.*
Terentius. 1553. *430.* 1561. *565.* 1570. *668.*
Thalmann, B., assertio. 1578. *752.* Exegema. 1579. *761.*
Theodoretus, de providentia. 1546. *334.* 1549. *366.*
Thomas von Kempen, Nachfolgung Christi. o. J. *42.*
Thylesius, A., pœmata. 1531. *196.*
Turnovius, Jos., Epopeia. 1591. *859.*
Typus cosmographicus universalis. s. a. *43.*
Ulmer, Joh. Conr., Trostgeschrifft. 1579. *762.* Symbola. 1583. *789, 790.*
Vadianus, Joachim, Epitome. 1534. *226.* 1546. *335.* 1548. *356.* Aphorismorum libri VI. 1536. *242.* 1585. *812.* Epistola orthodoxa et erudita. 1539. *265.* Epistola ad J. Zuiccium 1540. *274.* Pro veritate carnis. (1541.) *282.*
Viaticum novum. (Edid. Wolphius.) 1565. *624.* 1578. *753.*
Virgilii Bucolica. s. a. *44.* Opera. 1547. *340.* 1561. *567.* 1564. *616.* 1567. *643.*
Vivis aliorumque opus de conscribendis epistolis. s. a. *45.*
Vnderwisung der Jugend. 1530. *184.*
Walther, Rod., v. Gualther.
Wand-Catechismus. 1525. *111.*
Wanner, Joh., von dem Bischoff geurlobt. 1524. *91.*
Wegsprech gen Regenspurg. 1525. *112.*
Wendeli, Doctor, mit was gründen etc. 1526. *111.*

Bloabunten	blauer Dunst, Flunkerei, leere Ausflüchte.
blömrant	buntfarbig, schillernd.
	Mi es ganz blömrant (schwindlig) vuär de Oagen.
böären	bordiren, säumen. Einfassung der Tücher an den Seiten.
Bökke	Buche, Weissbuche, Hagebuche. — He es grauff as ut de Bökke gehauen: ein Grobian.
bölken	blöken, rohes Singen, aus vollem Halse schreien.
Bölker	oder Bulkenbaum: wilder Pflaumenbaum.
bönnhasen	auf verbotenen Wegen gehen, vor Eingang der Ehe mit der Braut vertrauten Umgang haben. — (altdeutsch: bonhasen: ohne das Meisterrecht erlangt zu haben, heimlich des Arbeitgebers Handwerk betreiben.)
Böer	ein Handbeil.
bollwüürken	rumoren, mit Geräusch etwas ausführen.
Bolss	der Kater.
Booten (m.)	ein Pack, Gebund Flachs. (altsächsisch: bote (m.); ein Bündel Flachs.
Borke	Baumrinde.
Boseke	die Bauchspeicheldrüse im Eingeweide der Kuh.
Bossel	hölzerner Fassreifen, womit die Kinder spielen; (altdeutsch: bôsel: Kegel, boszeln: Kegel schieben).
Bous!	ein Knall, starke Detonation, ein Fall mit starkem Geräusch.
Bovist	ein kugelrunder Pilz, der getrocknet einen Staub von sich giebt.
Brake	Flachsbrake: hölzernes Werkzeug zum Brechen des Flachses.
Bram	Ginster (genista): Brambauerschaft, nördlich von Dortmund gelegen.
Brandraue	ein dreifüssiges Eisengestell auf dem Herde, worauf das Brennholz gelegt wird.
Brauk	eine mit Holz bestandene sumpfige Fläche. — In früherer Zeit wurde traditionell der nördliche und östliche Theil der Stadt Dortmund als Plattbrauk,

	altsächsisch: bissen, bizzôn, wie toll umherlaufen (eigentlich vom Rindvieh gebraucht), (Bissenkamp heisst in Dortmund noch eine Strasse).
bidess	unterdessen.
Bïéke (f.)	Bach — Biekstiärt: Bachstelze.
	(altdeutsch: backstert, beckstert, waterstert.)
Bïésse (f.)	kalter Regenschauer (Märtebiésse, Hagelbiésse).
bilank	entlang, längs.
Bilke	Frauenname, verkürzt aus Sybille.
	(altdeutsch: bele, belke, Belcke)
binäin	beieinander, zusammen.
	binäin daun: copuliren, trauen.
Binnerpacht	Pacht an Geld, Hühnern und dergleichen kleine Naturalien.
Birkemeier	ein Bierhumpen, ein grosses Trinkgefäss aus Birkenholz, das noch die Rinde hat (altsächs.: barkemeier).
Bischlag	Nebenbau, Verschlag.
bister	en bistrich Wiär: ein trübes, nasses Wetter.
	Bisterbahn: Irrbahn (altdeutsch: bister: umherirrend, vom rechten Wege abweichend).
blåddern	blärren, blöken, meckern.
Blage (f.)	kleines Kind. Mit dem Worte Blage wird überhaupt die Jugend bezeichnet.
Bläker	Wandleuchter.
	bläkrig, brenzlich.
	bläkern: wenn das Kupfer mit Grünspan anläuft. (altdeutsch: blas: brennende Kerze, Fackel; blecker, blechern, bleckene Handleuchter — angelsächsisch: blac der feine Russ, der Ansatz vom Lampenqualm.)
blaren	blättern, abblättern.
Blelkstück	ein Stück Leinwand von 20 Ellen.
Blesse	bezeichnet Pferde oder Kühe, die einen weissen Streifen vor der Stirn haben.
blikken	blechen, zahlen, büssen.
	He maut daruär bliäken: zahlen, büssen (Blechmünzen, Bracteaten, ehemalige Münzen von Gold- oder Silberblech.

beiern	bezeichnet diejenige Art des Läutens, bei der nicht die Glocke selbst, sondern nur der Klöppel durch ein daran befestigtes Seil in Bewegung gesetzt wird. (Hier in Dortmund wird von Ostern bis Jacobi an Sonn- und Festtagen gebeiert.)
Beitel	Stemmeisen, Eisenkeil, Meissel.
bejuxen	sik bejuxen: sich beschmutzen, besudeln.
bekladdern	sik bekladdern: sich mit Strassenkoth beschmutzen.
bekümmern	überlisten, übervortheilen, betrügen.
Beloat	Raum, Stelle, wo man etwas lässt.
benaut	unwohl, übel.
besalvern	sik besalvern: sich besudeln, beschmutzen.
Beschieter	Betrüger.
beschoaten	etwas ganz besonderes; z. B. en beschoaten Nüöttken (Muskatnuss).
Beschüte	Zwieback.
beschwelgen	ohnmächtig, bewustlos werden (altdeutsch: besweigen, beswagen).
beseggen	besagen, aussprechen, verkündigen. behaupten, den Standpunkt klar machen. (de kann et guad beseggen.)
bespriäkken	(Brand af Blut) durch Zauberwort Blutungen stillen oder Brandwunden heilen.
bestaahn	sik bestaahn: sich verheirathen. unbestaadet: unverheirathet. inbestaahn: ins Haus der Eltern heirathen. (altdeutsch: besteden, bestaden, eine Stelle haben, einen Wohnsitz, Aufenthalt anweisen.)
Bessmoder	Grossmutter.
Bessvader	Grossvater.
betrekken	betrügen, bestehlen.
Biäddel	ein aus Weiden geflochtener, tiefer, runder Korb mit Henkel.
Biäddelfalle	eine ungehörige Falte, wie sie beim Bügeln oder Zeugrollen vorkommt.
Biär	Birne.
biärwe	mürbe, nachgiebig.
biüsten	eilig laufen, rennen, herbeistürzen.

baselen	gedankenlos, träumend einhergehen; unsinnig, kopflos handeln.
baten	helfen, nützlich sein. —
	dat kann baten: helfen, bessern.
	et bat nix: es hilft nichts.
	det hiät bat: das hat geholfen.
	etwas zu bate giäven: unterstützen.
	(altdeutsch: bate: Vortheil, Gewinn.
Bast	Bauch — den Bast vull heffen: übersatt, betrunken sein.
Baud	Ernte; in der Baud: Erntezeit. —
	Den Baudhahn vertiären: Ernteschmaus, Erntebier verzehren. Schnappbaud: wenn es während der Erntezeit häufig regnet.
Bauhus	das Wirthschaftsgebäude auf einem Landgut.
Bauk	Frucht der Buche, Bucheker. —
	(altdeutsch: bôk.)
Baumann	Ackersmann — bauen: pflügen.
Baumester	Grossknecht auf dem Lande.
Bausen	die trichterförmige Einfassung der Schornsteine über dem Feuerherd (Kamin).
Beck (m.)	der Mund, das Maul.
Becksnute	Grossmaul.
Bedde	die auf der Tenne zum ausdreschen ausgebreiteten Korngarben.
Beddstier	Bettstelle.
bedoan	verunreinigt; dat Kind hiät sik bedoan. —
	He is von sik bedoan: von sich eingenommen.
bedrälen	sik bedrälen: sich beschwätzen, verleiten lassen.
bedriftig	eifrig.
beducht	mi beducht: bedenkt.
beduopen	mit Flüssigkeiten voll bedeckt, bis unter die Oberfläche des Wassers getaucht.
beduselt	betäubt, besinnungslos (altsächsich: bedusen, betäuben).
begrabbeln	He hiät sik wir begrabbelt (begraset): er hat sich wieder erholt, ist wieder in bessere Umstände (Verhältnisse) gekommen.

anbeuten	einheizen, Feuer im Ofen anlegen. — He hiät dat Für anbott — He hiät sin Lüsten bott: er hat seine sinnlichen Lüste befriedigt. (altdeutsch: inboten, einheizen).
Anblét	Inbiss (altdeutsch: anbet).
Anfluog	leichter Fieberanfall, Erkältung
Angeltrine	ein leichtfertiges Mädchen.
anke	alt, uralt — Ankevahr: Urgrossvater.
anmaken	Sei es am anmaken: Beginn der Schwangerschaft.
Anpart	Antheil, Part.
Anrichte (f)	Buffet.
anschieten	anführen, betrügen (bei Handel und Tausch).
Ansetter	Anstifter einer bösen Sache.
Antenpoot	Ententeich, Entenpfuhl. (altdeutsch: antenpôe, andenpoot.)
anwuosten	mit Mühe ein zu enges Kleid (Rock, Hose, Stiefel) etc. anziehen.
apen	äffen, verspotten, zum Besten haben. — Apenklaas: ein Tölpel, altdeutsch: apen.
Arönken	Alraun, kleine Hausgötter unserer Urväter (gewöhnlich aus der Alraunwurzel geschnitten), altdeutsch: alruneken, kleines Bild des Elfen Alraun. Die Wurzel der Zaunrübe (bryonia alba).
astrannt	barsch, heftig, schroff.
Aulamm oder Ellamm	ein weibliches Lamm, Mutterschaf (Sailamm: Sie-Lamm).
Aust	Augustmonat (altdeutsch: aust, auweste, owst).
Avegunst	Missgunst (altdeutsch: afgunst).
baas	tüchtig, brav. en heilen Baas: ein tüchtiger Mann (griechisch βασιλεύς Herrscher, Herr).
Babbe	Vater (ostfriesisch: babbe, beb: Väterchen).
babbeln	Etwas in hastiger Weise daherschwatzen.
Bäer	Eber, ein männliches Schwein.
Bäster	ein derber Knüppel zum dreinschlagen.
Bakeloas	ein plumper, roher, ungeschliffener Mensch.
Balken	Dachboden, Scheunenboden, (Balkendäster).

Aexter	die: Elster.
af	ab (gothisch aff; altsächs.: af).
Afjacht	schroffe, abschlägige Antwort, Zurückweisung, einen Korb (bekommen).
a jas a jas	pfui, wie unartig!
afkappen	abhauen, abführen, zurückweisen.
Afköer	Zurückweisung, abschlägige Antwort.
afluxen	durch List, falsche Reden Einem etwas ablocken.
afmurksen	tödten, morden, würgen.
afrackern	sich abmühen, sich abarbeiten.
afschwiimen	abdunsten.
afspenstig	abwendig (machen), davon abrathen.
aisig, aislik	unheimlich, schauerig, grausig — (goth.: agis die Furcht, der Schauer, altsäch.: egiso Schauder).
aisk, aisch	physisch oder moralisch, hässlich.
aiwen	foppen, ärgern, äffen, hänseln.
Ake (f)	ein unterirdischer Wasserabzug, Canal.
all bate bat!	eins kommt zum anderen, alles zu Rathe ziehen, (altdeutsch: bate: Vortheil, Gewinn).
all	schon (büss du all op? tis all guod!)
allaf!	das lobe ich mir!
allangs	ganz entlang.
alldage	täglich.
all derno	(et is allderno) je nachdem.
alleben	eben, deshalb, grade, darum.
allebotz	jedesmal.
all-ér	sonst, ehedem.
allért	munter, aufgeräumt, flink, hurtig, (franz.: alerte).
allerwells	besonders, bewandert: ein allerwells Kerl, ein wunderlicher Kauz.
Alfanzerigge	albernes Geschwätz, Aberwitz, dummes Zeug.
allmann	jedermann: allmanns Fründ.
allo!	wohlan (allo vorwärts)!
alltid	immer, zu jeder Zeit.
alltiss	allerdings, jedenfalls.
alltehop	alle zusammen, alle miteinander.
allüm	ringsum.
allwüg	allerdings, immer, jedesmal, auf jeden Fall.

Aa	(altdeuttsch aha) — fliessendes Wasser — aa maken! sagen noch heute die Mütter zu ihren kleinen Kindern.
achter	hinten (altsächsisch — aftra).
	achteran — hinterdrein.
	achterén — hintereinander.
	achterés — hinterwärts.
	achterhiär — hinterher (sein).
	Achterkante — Hinterseite.
	achteräwer — hintenüber.
	achterrügges — hinter dem Rücken.
	achterstiäcks — falsch, tückisch, hinterlistig.
	achterut — hintenaus.
	achterwiäge: dat lead du achterwiäge! — das lass du bleiben!
	drachter — dahinter.
	drachterhiär — dahinterher.
	after ist mit achter (nach) gleichbedeutend.
achts	(eine Art Suffix) — meines Erachtens, meinerachts.
Adder	die Natter (Coluber berus).
	ein böses Mädchen (altsäch.: nadder, niedersäch.: edder — Schlange).
Ackern (n)	ein kupferner Koch- oder Waschkessel. (Eckern, lateinisch abenum; griechisch ἐχῖνος ein kupfernes Gefäss in igelförmiger Gestalt.
Aelberte	Erdbeere.
ätetsken	ein klein bischen. (Ass, Aesken — in Bezug auf Münzen die kleinste Einheit).

„Es ist ja allgemein anerkannt, dass die Mundarten die Quellen und Bäche sind, aus denen der grosse Strom der Sprache genährt wird. Jedes Gebiet hat daher auch die Pflicht, die auf ihm entspringenden Quellen zu hegen und zu pflegen, damit sie auch jetzt noch dem gemeinsamen Sprachschatz den nöthigen Zufluss bieten können."

„Da das Plattdeutsche seit Jahrhunderten aufgehört hat Schriftsprache zu sein, und der Dialekt nach und nach in eine grosse Anzahl von Mundarten zerfallen ist, so ist es schwer, die Prägnanz des niederdeutschen Ausdrucks wiederzugeben; daher muss jede Rechtschreibung, welche das Verständniss erleichtert, gebilligt werden."

Verzeichniss
der
Idiotismen in plattdeutscher Mundart,
volksthümlich

in Dortmund und dessen Umgegend.

Gesammelt
von
Heinrich Köppen,
(geb. zu Dortmund am 1. December 1796)

veröffentlicht

von seinen Freunden und Verehrern.

Als Manuscript gedruckt.

Dortmund 1877.
—
Zu beziehen durch die **Köppen'sche** Buchhandlung (Otto Uhlig).

Verzeichniss der Idiotismen in plattdeutscher Mundart

Heinrich Köppen